# Nóminas

# Nóminas

Jesús García Martín

Paraninfo | ESPECIALIDADES FORMATIVAS

Paraninfo

© Autor: Jesús García Martín

© Ediciones Paraninfo, SA, 2025
1.ª edición, 2025

C/ Sierra de Guadarrama 35. Naves 2, 3, 4 y 5
Pol. Ind. San Fernando II
28830 San Fernando de Henares
Teléfono: 914 463 350
clientes@paraninfo.es / www.paraninfo.es

Producción: Nacho Cabal Ramos
Maquetación: Sonia Ojanguren Llera

ISBN: 978-84-283-6903-9
Depósito legal: M-2807-2025
**(33006)**

**Impreso en España**
Liberdigital (Casarrubuelos, Madrid)



La editorial recomienda que el alumnado realice las actividades sobre el cuaderno y no sobre el libro.

# Paraninfo

# Presentación

Este manual desarrolla la especialidad formativa denominada **Nóminas.** Con código ADGD188PO y nivel de cualificación profesional 2.

El objetivo general es adquirir conocimientos y habilidades en la cumplimentación de los recibos salariales y la normativa de liquidación.

El libro responde fielmente al desarrollo curricular establecido en los 6 bloques de *contenidos* que integran el programa formativo:

**Bloque 1:** El recibo de salarios
**Bloque 2:** Devengos salariales
**Bloque 3:** Devengos no salariales
**Bloque 4:** Deducciones
**Bloque 5:** Cálculo de retenciones e ingresos del IRPF
**Bloque 6:** Modelos de liquidación

El cómputo total de horas formativas es de 50, proponiéndose la siguiente distribución: 4 horas al bloque 1, 4 horas al bloque 2, 4 horas al bloque 3, 5 horas al bloque 4, 22 horas a la explicación y realización de supuestos completos de nóminas (unidad 4 del manual que trabaja de forma práctica los bloques 1, 2, 3 y 4), 6 horas al bloque 5 y 5 horas al bloque 6.

Las unidades del libro se acompañan de multitud de **recursos didácticos** que ayudarán a la mejor comprensión de la materia de estudio:

- Desarrollo del currículo oficial.
- Lenguaje claro y sencillo que favorece la comprensión.
- Explicaciones exhaustivas y rigurosas, pero también amenas y asequibles.
- Gran cantidad de tablas explicativas y cuadros resumen.
- Recuadros con información complementaria.
- Actividades propuestas y resueltas intercaladas con la teoría.
- Ejemplos reales para ilustrar los contenidos teóricos.
- Una unidad dedicada exclusivamente a la realización de ejercicios prácticos de nóminas (con 14 supuestos resueltos paso a paso).
- Actividades finales de comprobación de tipo test y actividades de aplicación en todas las unidades.

Este libro cuenta con el **solucionario** de las actividades incluidas en el libro al que puede accederse previo registro, desde la ficha web de este libro en www.paraninfo.es.

# Contenido

Este manual respeta rigurosamente los contenidos mínimos que aparecen en la normativa que regula la formación. Sin embargo, se agrupan de forma diferente y se añade una unidad práctica para facilitar el logro del objetivo curricular: *«Adquirir conocimientos y habilidades en la cumplimentación de los recibos salariales y la normativa de liquidación»*.

# El recibo de salarios

En esta unidad se van a abordar el concepto y el contenido de la nómina y se van a desglosar y explicar los diferentes apartados del documento, desde el encabezamiento, donde aparecen los datos de empresa y empleado, hasta las aportaciones empresariales a la Seguridad Social, pasando por los devengos, deducciones y el líquido a percibir. Este tema va a servir para cimentar una base sólida sobre la que ir construyendo las unidades posteriores.

## Contenido

## 1.1. Concepto y contenido de la nómina

El recibo de salarios, comúnmente conocido como nómina, es un documento que sirve para justificar el pago del sueldo a los trabajadores. En España, este documento lo reciben todas las personas que trabajan por cuenta ajena al finalizar cada mes trabajado o cuando se termina la relación laboral.

Además de la función justificativa, el recibo de salario también tiene una función informativa, pues en él vienen detallados los conceptos por los que percibe dinero el trabajador, los descuentos, las cuotas a la Seguridad Social y las retenciones de impuestos que se le practican a la persona trabajadora, así como las aportaciones sociales a las que debe hacer frente el empresario por tener contratada a esa persona. Por ello, puede decirse que es un documento útil para las dos partes, pues al empleador le sirve como documento que justifica el pago del salario y al empleado para evitar posibles fraudes y conocer los derechos de cobro que genera con su trabajo, así como las deducciones que legalmente le corresponden.

> La nómina es un documento que refleja el salario de los trabajadores, las deducciones que se les practican (impuestos, Seguridad Social...) y las aportaciones que hace la empresa a la Seguridad Social por tener contratada a esa persona.

***¿Por qué tiene que aparecer toda esa información en la nómina?*** Muy sencillo, porque hay una normativa (la *Orden ESS/2098/2014, de 6 de noviembre, por la que se modifica el anexo de la Orden de 27 de diciembre de 1994, por la que se aprueba el modelo de recibo individual de salarios)* que determina las partes y la información que deben contener estos documentos a través de un modelo oficial de nómina. Sin embargo, pueden establecerse otros modelos por convenio colectivo o por acuerdo entre empresa y representantes de los trabajadores siempre que tengan como mínimo los contenidos del citado modelo.

**EJERCICIOS**

**1.1.** Investiga: ¿Qué diferencia existe entre el modelo oficial de nómina de 1994 y el de 2014? ¿Qué novedad se incluye en este último?

**1.2.** Reflexiona: haz una breve reflexión sobre el motivo que piensas que indujo a realizar la modificación citada en el ejercicio anterior e indica si te parece una modificación pertinente.

Por tanto, aunque la legislación no impone un modelo de nómina, sí determina la información mínima que debe contener, por lo que los formatos utilizados en las empresas, aunque difieren en apariencia, son muy similares al establecido en la normativa.

**Modelo de nómina**

| | | | |
|---|---|---|---|
| **Empresa** | | **Trabajador** | |
| **Domicilio** | | **NIF** | |
| **CIF** | | **Número S.S.** | |
| **CCC** | | **Grupo profesional** | |
| | | **Grupo de cotización** | |

Periodo liquidación Del de al de del 20__ Nº días

**I. DEVENGOS** **TOTALES**

1. Percepciones salariales

Salario base

Complementos salariales:

Horas extraordinarias

Horas complementarias

Gratificaciones extraordinarias

Salario en especie

2. Percepciones no salariales

Indemnizaciones o Suplidos

Prestaciones e indemnizaciones de la Seguridad Social

Indemnizaciones por traslados, suspensiones o despidos.

Otras percepciones no salariales

**A. TOTAL DEVENGADO**

**II. DEDUCCIONES**

**1. Aportaciones del trabajador a las cotizaciones a la S.S y conceptos de recaudación conjunta**

Tipo

Contingencias comunes

M.E. Intergeneracional

Desempleo

Formación Profesional

Horas extraordinarias normales

Horas extraordinarias de fuerza mayor

**TOTAL APORTACIONES**

2. IRPF

3. Anticipos

4. Valor de los productos recibidos en especie

5. Otras deducciones

**B. TOTAL A DEDUCIR**

**LIQUIDO TOTAL A PERCIBIR (A-B)**

Firma y sello de la empresa Fecha Recibí

**DETERMINACIÓN DE LAS BASES DE COTIZACIÓN A LA SEGURIDAD SOCIAL Y CONCEPTOS DE RECAUDACIÓNCONJUNTA Y DE LA BASE SUJETA A RETENCIÓN DEL I.R.P.F. Y APORTACIÓN DE LA EMPRESA**

1. Base de cotización por contingencias comunes

Remuneración mensual

Prorrata pagas extras Tipo Aportación Empresa

**TOTAL**

Base

AT y EP

Desempleo

2. Base de Contingencias Profesionales y otros conceptos de recaudación conjunta FP

FOGASA

3. Cotización por horas extras

4. Cotización por horas extras fuerza mayor

5. Mecanismo de Equidad Intergeneracional

6. Base sujeta a retención del IRPF **Total**

**Figura 1.1.** Modelo de nómina.

Para poder estudiar su estructura de una forma más sencilla, se dividirá en varias partes: encabezado, devengos, deducciones, aportaciones del empresario a la Seguridad Social y determinación de las bases de cotización y retención.

## 1.2. Encabezamiento: datos

Lo primero que encontramos en el encabezado de una nómina es la identificación de las partes, esto es: los datos de la empresa y de la persona trabajadora.

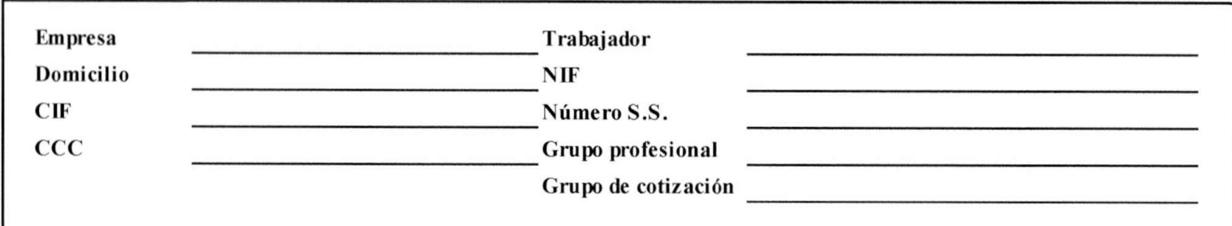

| Empresa | ______ | Trabajador | ______ |
|---|---|---|---|
| Domicilio | ______ | NIF | ______ |
| CIF | ______ | Número S.S. | ______ |
| CCC | ______ | Grupo profesional | ______ |
| | | Grupo de cotización | ______ |

**Figura 1.2.** Encabezado de una nómina.

Como puede observarse, en esta parte de la nómina hay que cumplimentar varios apartados. Por un lado, en los datos de la empresa:

- **Empresa:** debe aparecer la razón social o el nombre y apellidos del empleador.
- **Domicilio:** el domicilio social de la empresa.
- **CIF:** era como se denominaba hace años al código de identificación fiscal de las empresas con personalidad jurídica propia. Sin embargo, desde el año 2008 en España ya no se utiliza esta nomenclatura y se denomina NIF al número de identificación fiscal, tanto de personas físicas como jurídicas.
- **CCC:** es el código de cuenta de cotización de la empresa. Es necesario poseer este código cuando una persona (independientemente de que sea física o jurídica) quiere contratar trabajadores, pues necesita poseer un número que ante la Seguridad Social le identifique como empleador y bajo el cual pueda afiliar y dar de alta a trabajadores por cuenta ajena.

Y por otro, en los datos del trabajador:

- **Trabajador:** nombre y apellidos del empleado.
- **NIF:** número de DNI (documento nacional de identidad) o NIE (número de identificación de extranjeros).
- **Número de afiliación a la Seguridad Social:** en España toda persona que vaya a iniciar una actividad laboral deberá tener un número de afiliación (si no lo tiene, el empresario deberá tramitar su alta). Este número, único y vitalicio, identifica a cada persona de forma inequívoca en sus relaciones con la Seguridad Social.

- **Grupo profesional:** constituye el sistema de clasificación profesional utilizado en la actualidad. Sirve para agrupar a los trabajadores según las tareas que realicen, el nivel de responsabilidad y de autonomía que tengan atribuido, las titulaciones que requieran para desarrollar su trabajo y las condiciones generales del puesto que ocupen. Por tanto, dentro de un mismo grupo profesional pueden incluirse distintas tareas, funciones, especialidades y responsabilidades profesionales.

  Por ejemplo: en el Convenio Colectivo de Oficinas y Despachos de la Comunidad de Madrid, puede verse que el grupo profesional I está formado por aquellas personas cuya labor es organizar y dirigir el trabajo de los demás. En el mismo convenio, el grupo III está formado por empleados que gozan de cierta autonomía en sus labores y son capaces de tomar decisiones y de supervisar trabajos rutinarios, independientemente del área de la empresa en la que realicen su labor.

- **Grupo de cotización**: es una clasificación que establece la Seguridad Social en función de las tareas que realizan los trabajadores en las empresas. Esta clasificación sirve para fijar las bases de cotización mínimas y máximas de cada trabajador. Esto es, permite determinar el nivel de contribución a la Seguridad Social de cada empleado en función del trabajo que realiza. Para el año 2024, la Seguridad Social determina los siguientes grupos y bases mínimas y máximas:

**Tabla 1.1**

| | Grupo de Cotización | Categorías profesionales | Bases mínimas euros/mes | Bases máximas euros /mes |
|---|---|---|---|---|
| Grupos de retribución mensual | 1 | Ingenieros y Licenciados | 1.847,40 | 4.720,50 |
| | 2 | Ingenieros Técnicos, Peritos y Ayudantes Titulados | 1.532,10 | 4.720,50 |
| | 3 | Jefes Administrativos y de Taller | 1.332,90 | 4.720,50 |
| | 4 | Ayudantes no Titulados | 1.323,00 | 4.720,50 |
| | 5 | Oficiales Administrativos | 1.323,00 | 4.720,50 |
| | 6 | Subalternos | 1.323,00 | 4.720,50 |
| | 7 | Auxiliares Administrativos | 1.323,00 | 4.720,50 |
| | | | **Bases mínimas euros/día** | **Bases máximas euros /día** |
| Grupos de retribución diaria | 8 | Oficiales de primera y segunda | 44,1 | 157,35 |
| | 9 | Oficiales de tercera y Especialistas | 44,1 | 157,35 |
| | 10 | Peones | 44,1 | 157,35 |
| | 11 | Trabajadores menores de dieciocho años | 44,1 | 157,35 |

**¡Atención!** No deben confundirse los conceptos de *grupo profesional* y de *grupo de cotización*. La categoría profesional viene determinada por el convenio colectivo de aplicación, afecta al salario e indica las funciones a desarrollar por el empleado. Por su parte, el grupo de cotización se refiere a la clasificación genérica que hace la Seguridad Social de los distintos tipos de profesionales y afecta a la cotización mínima y máxima, no al salario.

Además, en el encabezado también nos encontramos con el periodo de liquidación (Figura 1.3), que hace referencia al periodo trabajado al que se refiere la nómina (por ejemplo: del 1 al 31 de diciembre de 2024), y con el número de días efectivamente cotizados.

| Periodo liquidación | Del | de | al | de | del 20__ | Nº días | |
|---|---|---|---|---|---|---|---|

**Figura 1.3.** Periodo de liquidación.

**EJERCICIO**

**1.3.** Investiga: busca los diferentes grupos profesionales que establece el Convenio Colectivo de Oficinas y Despachos de la Comunidad de Madrid y léelos. Después comenta con tus compañeros las diferentes tareas que se le asignan a cada grupo. Puedes verlo a través del siguiente enlace o buscándolo en Internet:

https://www.ceim.es/documento/publication-document-1656936056.pdf

## 1.3. Devengos

En este apartado van a aparecer las percepciones que el trabajador tenga derecho a recibir. De hecho, la palabra *devengo* puede definirse como el derecho a percibir el pago de una deuda, bien por un trabajo realizado o bien por un servicio prestado.

Como puede apreciarse en la Figura 1.4, en las nóminas van a aparecer dos tipos de devengos: las percepciones salariales y las no salariales.

a) **Percepciones salariales:** son aquellas percepciones que a efectos legales se consideran salario. Así, el salario está constituido por todas las percepciones económicas de los trabajadores, ya sean en dinero o en especie, siempre que estas retribuyan el trabajo que efectivamente se ha realizado o los periodos de descanso computables como tiempo de trabajo (por ejemplo, el salario que reciben los trabajadores cuando disfrutan de sus vacaciones).

Las percepciones salariales, por tanto, están formadas por el salario base, por los complementos salariales, por las horas extraordinarias y complementarias, por las retribuciones en especie (siempre que no tengan carácter indemnizatorio) y por las pagas extraordinarias.

> **El salario en especie** o retribución en especie es una forma de remuneración que consiste en recibir bienes o servicios en lugar de dinero.

| **I. DEVENGOS** | **TOTALES** |
|---|---|
| 1. Percepciones salariales | |
| Salario base | |
| Complementos salariales: | |
| | |
| | |
| | |
| Horas extraordinarias | |
| Horas complementarias | |
| Gratificaciones extraordinarias | |
| Salario en especie | |
| 2. Percepciones no salariales | |
| Indemnizaciones o Suplidos | |
| | |
| | |
| Prestaciones e indemnizaciones de la Seguridad Social | |
| Indemnizaciones por traslados, suspensiones o despidos. | |
| Otras percepciones no salariales | |
| | |
| | |
| **A. TOTAL DEVENGADO** | |

**Figura 1.4.** Tipos de devengos.

**b) Percepciones no salariales:** en este caso también se trata de dinero que reciben los trabajadores, pero su finalidad no es retribuir el trabajo realizado, sino indemnizar al empleado. Por tanto, puede afirmarse que estas percepciones tienen carácter indemnizatorio y según la legislación vigente podemos diferenciar:

- Indemnizaciones y suplidos por los gastos realizados por el trabajador (dietas, kilometraje, desgaste de herramientas, prendas de trabajo...). Como puede observarse, no son una retribución por el trabajo, sino una compensación de los gastos en los que ha incurrido el trabajador como consecuencia de la actividad que realiza para la empresa.

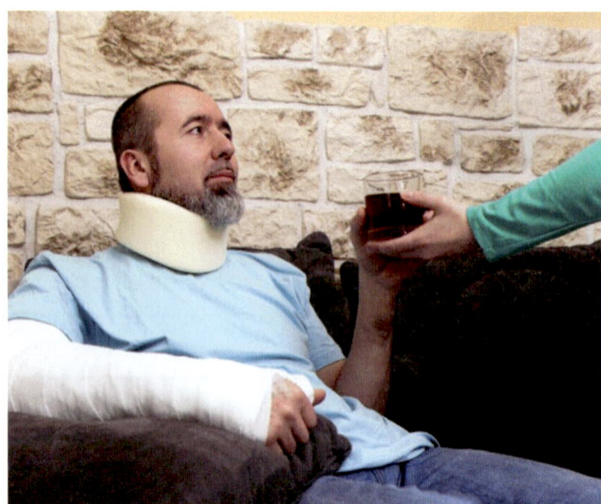

- Prestaciones e indemnizaciones de la Seguridad Social (lo que cobran los trabajadores estando de baja, durante el descanso por nacimiento...). En este caso el trabajador no está realizando un trabajo ni está disfrutando del descanso generado por su actividad laboral, sino que está recibiendo una prestación social que le ayuda a sobrellevar una contingencia personal. Por ello, no puede decirse que estas prestaciones sean fruto directo del trabajo realizado.
- Las indemnizaciones que en cada caso correspondan al trabajador por los motivos de: traslado, suspensión o despido. Aquí estamos ante otro tipo de indemnizaciones, pues estas suelen ser abonadas de forma íntegra por el empresario tal y como ordena la legislación vigente, no por la Seguridad Social. Además de estas, también pueden encontrarse otras percepciones no salariales que tengan carácter indemnizatorio, pero que no estén incluidas en estos grupos.

**EJERCICIO**

**1.4.** Amplía tus conocimientos: para ejemplificar lo aprendido en este apartado, busca información y elabora una tabla en la que aparezcan las diferentes indemnizaciones a las que tienen derecho los trabajadores cuando finaliza su contrato de trabajo.

Posteriormente, al final de esta sección, puede verse que aparece el apartado *A. TOTAL DEVENGADO,* en el que aparecerá la suma de todos los devengos que haya generado el trabajador.

## 1.4. Deducciones

Como se comentaba al inicio de esta unidad, en el recibo de salario no se representan solo los ingresos del trabajador, sino que aparecen otros apartados como las deducciones. Si se busca en el diccionario la palabra *deducir*, una de las acepciones que tiene es 'restar o descontar una cantidad'. Por tanto, en el contexto de la nómina, cuando se habla de deducciones se está hablando de conceptos que se descuentan, o que se restan, de los ingresos del trabajador.

Así, partiendo de los conceptos vistos hasta ahora, si al total devengado se le resta el total de las deducciones, se obtiene el líquido total a percibir por el trabajador (esto es, el dinero neto que recibe el trabajador al finalizar el mes).

> En una nómina, en el apartado devengos aparecen los conceptos por los que un trabajador ha generado el derecho a percibir ciertas cantidades de dinero y en el apartado deducciones las cuantías y los conceptos por los que se le resta parte del dinero que ha generado. Si a los devengos se les restan las deducciones, se obtiene el líquido a percibir.

A continuación, en la Figura 1.5 se muestran los conceptos que aparecen en el apartado deducciones de una nómina.

**II. DEDUCCIONES**

**1. Aportaciones del trabajador a las cotizaciones a la S.S y conceptos de recaudación conjunta**

| | Tipo | |
|---|---|---|
| Contingencias comunes | | |
| M.E. Intergeneracional | | |
| Desempleo | | |
| Formación Profesional | | |
| Horas extraordinarias normales | | |
| Horas extraordinarias de fuerza mayor | | |
| **TOTAL APORTACIONES** | | |
| 2. IRPF | | |
| 3. Anticipos | | |
| 4. Valor de los productos recibidos en especie | | |
| 5. Otras deducciones | | |

**B. TOTAL A DEDUCIR**

**LIQUIDO TOTAL A PERCIBIR (A-B)**

Firma y sello de la empresa — Fecha — Recibí

**Figura 1.5.** Deducciones.

Como puede apreciarse, los conceptos por los que pueden producirse deducciones en una nómina son muy variados, sin embargo, se pueden diferenciar cinco grandes grupos de deducciones: aportaciones a la Seguridad Social y conceptos de recaudación conjunta, IRPF, anticipos, productos en especie y otras deducciones.

a) **Aportaciones del trabajador a la Seguridad Social y conceptos de recaudación conjunta:** son las aportaciones que va a realizar el trabajador la Seguridad Social por diferentes conceptos (en futuras unidades se explicarán en detalle). La suma de todas estas aportaciones se denomina cuota obrera.

b) **IRPF:** es el impuesto sobre la renta de las personas físicas y grava, entre otras cosas, los rendimientos del trabajo de las personas, esto es, su salario. En las nóminas, las empresas deben realizar una retención de dinero para ingresarlo en la Agencia Tributaria en nombre del trabajador. Como se verá en futuras unidades, su cuantía vendrá determinada por el salario total del empleado, así como por sus circunstancias personales y familiares concretas.

c) **Anticipos:** en ocasiones, las personas que trabajan en las empresas necesitan una mayor liquidez para hacer frente a gastos personales o a imprevistos que requieren un esfuerzo económico puntual. Ante estas situaciones, el Estatuto de los Trabajadores en su artículo 29 contempla la opción de que cualquier empleado solicite un anticipo de nómina por el trabajo ya realizado. Sin embargo, este anticipo no está contemplado si se trata de salarios futuros (esto es, en principio no puede pedirse lo que aún no se ha trabajado) o de pagas extraordinarias. No obstante, hay convenios colectivos que mejoran el Estatuto de los Trabajadores y regulan la opción de solicitar anticipos por trabajos que se realizarán en el futuro.

**EJERCICIO**

**1.5.** Amplía tus conocimientos: lee la siguiente noticia de *El Economista* sobre el derecho que tienen los trabajadores a recibir anticipos de su sueldo, haz un breve resumen y coméntala con tus compañeros en clase.

https://www.eleconomista.es/economia/noticias/12224557/04/23/estos-son-los-anticipos-de-sueldo-a-los-que-tienes-derecho-por-ley.html

d) **Valor de los productos recibidos en especie:** al igual que sucede con los anticipos, los productos o servicios recibidos en especie deben aparecer en el apartado devengos. Sin embargo, el importe de su valor también irá descontado en este apartado, pues en caso contrario el empleado recibiría el bien y, además, el dinero en el que está valorado.

e) **Otras deducciones:** en este apartado aparecerán otros conceptos por los que hubiera que descontarle parte de sus ingresos al trabajador. Por ejemplo: cuotas sindicales que ingrese la empresa en su nombre, embargos que haya que practicar sobre la nómina (por orden judicial, por deudas con la Seguridad Social...).

> En el modelo normalizado de nómina pueden diferenciarse cinco tipos de deducciones: aportaciones a la Seguridad Social y conceptos de recaudación conjunta, IRPF, anticipos, productos en especie y otras deducciones.

Siguiendo con la Figura 1.5, puede verse que inmediatamente después está el apartado *B. TOTAL DEDUCCIONES*, en el que se reflejará la suma de todas las deducciones que deban practicársele al trabajador.

Posteriormente, aparece el *LÍQUIDO TOTAL A PERCIBIR (A-B)*, apartado en el que se anotará el dinero que efectivamente reciba el empleado que será la cuantía resultante de restarle a los devengos (A) las deducciones (B).

Por último, como colofón de la sección aparecen, por un lado, el espacio para la firma y sello de la empresa (que sirve para dotar de autenticidad al documento) y, por otro, la afirmación *Recibí* y la fecha. Debajo de *Recibí*, el trabajador tiene la obligación legal de estampar su firma y la fecha de la recepción del dinero y así la empresa tendrá una prueba de que ha pagado lo debido al empleado. Hay que tener en cuenta que la nómina es un documento que se expide por duplicado, por lo que la empresa se quedará una copia y el trabajador con otra.

> Si la firma de la nómina es un requisito legal, ¿por qué en muchas empresas se envía por correo electrónico y los empleados no la firman? El Tribunal Supremo explicó que *«cuando el abono se realice mediante transferencia bancaria, el empresario entregará al trabajador el duplicado del recibo sin recabar su firma, que se entenderá sustituida por el comprobante del abono expedido por la entidad bancaria»*. Es decir, que el justificante del ingreso bancario sustituye a la firma. Sin embargo, si la empresa paga a sus empleados utilizando dinero efectivo o con un cheque, sigue siendo obligatoria la firma del documento.

## 1.5. Bases de cotización y retención. Aportaciones empresariales a la Seguridad Social

Este es el último apartado que aparece en la nómina. La normativa obliga a que las bases que se han utilizado para el cálculo de las cotizaciones sociales y de las retenciones fiscales aparezcan detalladas en el recibo de salarios a efectos informativos (en futuras unidades se verá cómo se calculan).

Además, en este apartado también tienen que aparecer las aportaciones que el empresario debe realizar a la Seguridad Social a causa de tener contratado al trabajador. Si las aportaciones que realiza la empresa en nombre del trabajador se denominaban cuota obrera, las que realiza la empresa en su propio nombre se conocen como cuota patronal o cuota empresarial.

Explicadas las diferentes partes de una nómina, puede concluirse que el esquema de contenido de este documento es el siguiente:

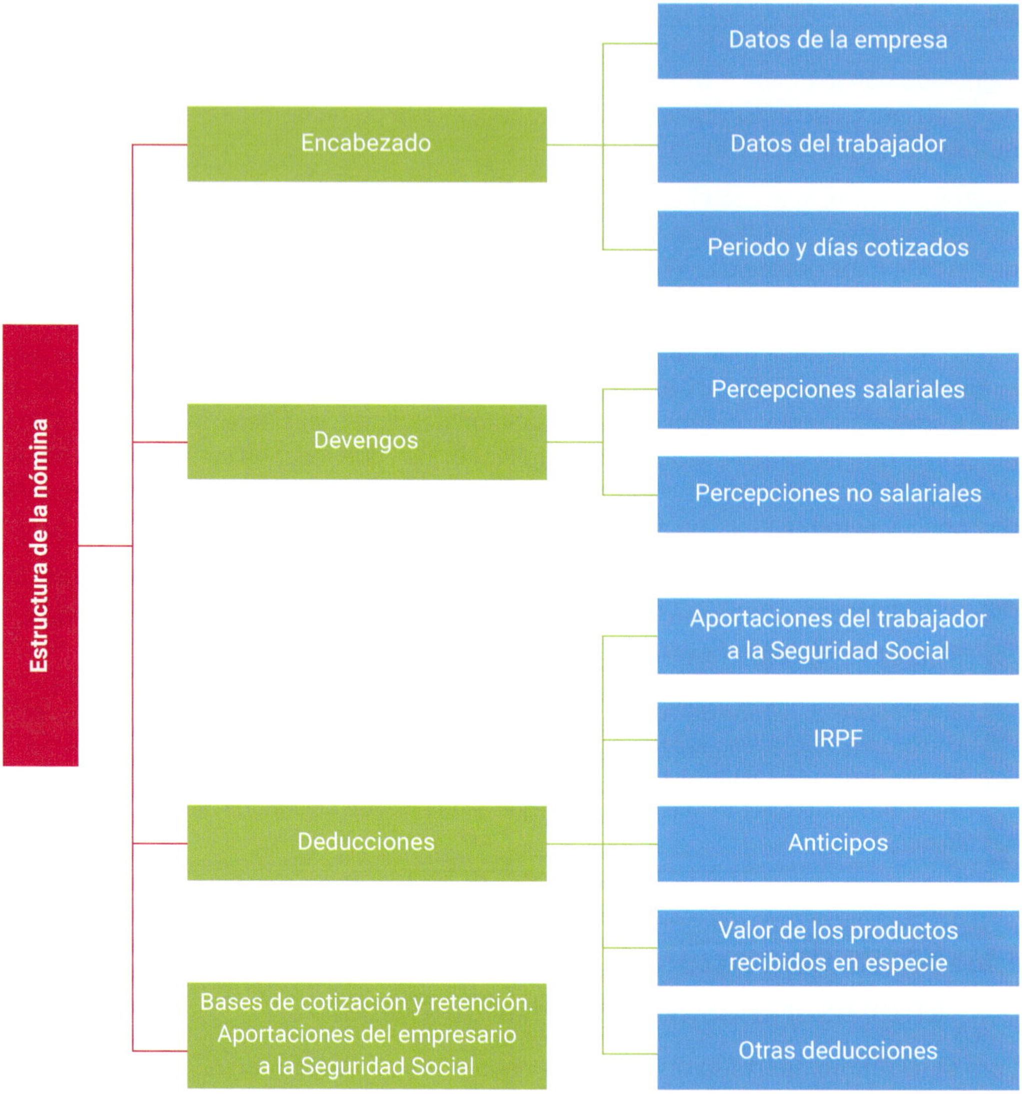

- **Estructura de la nómina**
  - Encabezado
    - Datos de la empresa
    - Datos del trabajador
    - Periodo y días cotizados
  - Devengos
    - Percepciones salariales
    - Percepciones no salariales
  - Deducciones
    - Aportaciones del trabajador a la Seguridad Social
    - IRPF
    - Anticipos
    - Valor de los productos recibidos en especie
    - Otras deducciones
  - Bases de cotización y retención. Aportaciones del empresario a la Seguridad Social

# ACTIVIDADES FINALES

## AUTOEVALUACIÓN

**Responde a las siguientes cuestiones tipo test.**

**1.1. El código de cuenta de cotización (CCC) hace referencia:**

a) Al número de afiliación a la Seguridad Social de los trabajadores, pero es un concepto anticuado, ahora se denomina NIF.

b) Al número de la Seguridad Social que se le debe asignar a las empresas que vayan a contratar trabajadores.

c) Al número de la Seguridad Social que se les da a los trabajadores antes de trabajar por primera vez (ya sea por cuenta propia o por cuenta ajena).

**1.2. ¿Existe por ley algún modelo obligatorio de nómina?**

a) No, cada empresa puede decidir cómo es su modelo de nómina.

b) Todos los modelos de nómina deben basarse en el modelo que indica la *Orden ESS/2098/2014*.

c) Todas las empresas tienen que utilizar el modelo que aparece publicado en el BOE, salvo que el empresario decida no acogerse a dicho modelo en virtud del *ius variandi*.

**1.3. La nómina tiene una función:**

a) Justificativa, pues justifica el pago del salario una vez el trabajador estampa en ella su firma.

b) Informativa, pues informa al empleado de los diferentes devengos y deducciones.

c) Las respuestas a) y b) son ciertas.

**1.4. El grupo profesional:**

a) Es una clasificación que establece la Seguridad Social.

b) Agrupa a los trabajadores en función de su antigüedad en la empresa y determina de forma inequívoca su salario.

c) Agrupa a los trabajadores en función de las tareas que realizan y de la responsabilidad que tienen.

**1.5. En los devengos podemos diferenciar entre:**

a) Percepciones salariales y no salariales.

b) Percepciones y deducciones.

c) Ninguna de las dos respuestas es correcta.

**1.6. Las indemnizaciones de la Seguridad Social son:**

a) Percepciones salariales.

b) Percepciones no salariales.

c) Deducciones.

**1.7. Los productos recibidos por un trabajador como pago en especie aparecerán:**

a) En el apartado devengos.

b) En el apartado deducciones.

c) Ambas respuestas son ciertas.

**1.8. En el modelo de nómina deberán aparecer obligatoriamente:**

a) Los devengos del trabajador y las bases de cotización y retención.

b) Las deducciones y las aportaciones del empresario a la Seguridad Social.

c) Todas las respuestas son correctas.

**1.9. A las aportaciones que tiene que realizar el empresario a la Seguridad Social por tener contratado a un trabajador se las conoce como:**

a) Cuota sindical.

b) Cuota patronal.

c) Cuota obrera.

**1.10. En una nómina el líquido a percibir:**

a) Se calcula restando a las deducciones los devengos.

b) Se calcula restando a los devengos las deducciones.

c) Su cálculo es más complejo, pues hay que tener en cuenta la situación familiar del trabajador en cada momento.

## ACTIVIDADES DE REFUERZO

**1.11. Recapitula: realiza un esquema de la unidad en el que incluyas todas las partes que contiene una nómina, así como una breve explicación de cada una. Este esquema puedes realizarlo en formato Word para trabajar tu competencia digital.**

**1.12. Repaso colaborativo: con el fin de crear una batería de preguntas variada para poder repasar lo aprendido en el tema, cada alumno tendrá que elaborar entre tres y cinco preguntas tipo test sobre el tema en formato Word (se marcará la respuesta correcta). Después, esas preguntas se le enviarán al docente para que las revise y las incluya todas en una base de datos a fin de que los estudiantes puedan utilizarlas para repasar lo aprendido. Con estas preguntas, puede crearse un juego de preguntas por equipos que permita un repaso activo, para esto resulta recomendable utilizar plataformas como Quizizz o Kahhot!, entre otras.**

## ACTIVIDADES DE AMPLIACIÓN

**1.13. Explica: realiza una presentación y explica las diferentes partes que contiene una nómina. Este ejercicio también puede apoyarse en el manejo de las TIC, de tal forma que la presentación se la envíes grabada en vídeo al docente.**

**1.14. Genera: genera un documento en una plantilla Excel en el que aparezca el formato de nómina visto en la unidad. Este modelo podrás utilizarlo en futuras unidades para realizar ejercicios prácticos.**

# Devengos salariales y no salariales

A lo largo de esta unidad van a desarrollarse los principales devengos que pueden aparecer en una nómina. Para ello, se identificarán, por un lado, los devengos salariales y se expondrán tanto el salario base como el concepto de percepción salarial y los complementos que conforman el salario. Por otro lado, se explicarán los devengos no salariales, que no tienen la consideración legal de salario, y se mostrarán sus principales tipos.

## Contenido

## 2.1. Devengos salariales

### 2.1.1. Salario base

Es aquella parte de la retribución del trabajador fijada por unidad de tiempo o de obra sin atender a ninguna otra circunstancia. Esto es, al trabajador se le paga por estar cierto tiempo trabajando (trabajo por unidad de tiempo o trabajo a tiempo) o por realizar una cantidad determinada de trabajo (trabajo por unidad de obra), sin atender a otros factores como la calidad del servicio prestado o el acabado del producto final.

Sin embargo, aunque el Estatuto de los Trabajadores contempla la posibilidad de que el salario base se establezca en función del trabajo por unidad de obra, la realidad es que en la práctica totalidad de los convenios se determina por unidad de tiempo, esto es, se establece como una cuantía mensual o diaria que no tiene en cuenta otros factores.

Si se mira desde un punto de vista práctico, como norma general en los convenios colectivos se establece un salario base para cada grupo profesional y, en su defecto, se determina en el contrato individual de trabajo. Además, salvo que se indique lo contrario, se entenderá que las cantidades a las que se refiere cada grupo profesional hacen alusión al salario de un trabajador a jornada completa. Por su parte, las jornadas parciales se retribuirán atendiendo al coeficiente de parcialidad que se indique. Por ejemplo: si para un determinado convenio y grupo profesional se establece un salario base de 1.500 € mensuales, se entenderá que esos 1.500 € se corresponden con lo que debería cobrar un trabajador de ese grupo a jornada completa. En este caso, un trabajador sujeto a ese convenio y grupo profesional que esté trabajando al 50 % de la jornada, devengará un salario base de 750 € cada mes.

> El salario base es aquella parte de la retribución del trabajador fijada por unidad de tiempo o de obra sin atender a ninguna otra circunstancia. Lo más habitual es que venga expresado como salario por tiempo trabajado y su cuantía establecida para cada grupo profesional en el convenio colectivo de aplicación o, en su defecto, en el contrato individual de trabajo.

Además, se debe tener en cuenta que aunque el salario se establezca por unidad de tiempo, se presupone condicionado al rendimiento mínimo exigible para la actividad que realice el empleado, pues tal y como cita el apdo. a) del art. 5 del Estatuto de los Trabajadores: «el trabajador tiene el deber de cumplir con las obligaciones concretas de su puesto de trabajo, de conformidad a las reglas de la buena fe y diligencia». Esto es, no es lo mismo estar en el trabajo que estar trabajando, pues se sobreentiende que durante el tiempo de trabajo efectivo no sirve con hacer acto de presencia, sino que se requiere una productividad mínima y buena fe en el desempeño de la labor que en cada caso se deba realizar.

Por último, es necesario saber que el valor del salario base puede ser inferior al salario mínimo interprofesional (SMI) siempre que el conjunto de la masa salarial (entendida esta como el salario base más los complementos salariales) sea superior a dicho salario mínimo. Por ejemplo: en 2024 el SMI está fijado en 1.134 € en 14 pagas. Si un convenio dice que los trabajadores de un grupo profesional cobrarán 14 pagas de 1.100 € de salario base y 300 € de plus convenio, las retribuciones estarán establecidas conforme a derecho, pues la suma de la masa salarial (1.100 € + 300 € = 1.400 €) se encontrará por encima del SMI.

**El salario mínimo interprofesional es la menor cantidad de dinero que puede recibir un empleado en España por un trabajo a jornada completa** (se habla siempre de renta bruta). Este salario lo fija el Gobierno anualmente, previa consulta con las organizaciones sindicales y asociaciones empresariales más representativas del país. Para establecerlo, se deben tener en cuenta variables como el IPC, la productividad nacional media y la situación económica general.

**EJERCICIOS**

**2.1.** Investiga: busca el convenio colectivo de oficinas y despachos de tu comunidad autónoma e investiga cuál es el salario base que se establece este año para un auxiliar administrativo.

**2.2.** Resuelve: teniendo en cuenta los datos obtenidos en el ejercicio anterior, responde a las siguientes cuestiones: ¿está el salario base por encima del SMI? En caso de que estuviera por debajo, ¿deberían subir el salario base acorde al SMI o se estaría cumpliendo la normativa?

**2.3.** Reflexiona y debate: busca la evolución del SMI en los últimos veinte años. Después, haz una reflexión sobre las ventajas y desventajas de subir el SMI y coméntalo con tus compañeros.

## 2.1.2. Percepciones salariales

Aunque puede parecer innecesario explicar qué es el salario, pues lo evidente es decir que el salario es la cuantía que recibe un empleado por el trabajo que realiza, merece la pena puntualizar cuáles de los conceptos que el trabajador devenga van a ser considerados salario a efectos legales y cuáles no, ya que esto tendrá implicaciones a la hora de calcular la cuantía de determinadas indemnizaciones a las que el trabajador pueda llegar a tener derecho o, incluso, a la hora de determinar las bases de cotización a la Seguridad Social y de retención del IRPF (pues existen retribuciones no consideradas salario que tienen partes exentas de cotización y retención). Por todo ello, resulta indispensable definir qué es el salario y qué devengos forman parte de las percepciones salariales y cuáles no.

### CONCEPTO DE SALARIO

Para comprender el concepto resulta recomendable remontarse a sus orígenes. La palabra salario procede del latín salarium, que significaba 'ración de sal', y es que en el Imperio romano era costumbre pagar a los soldados una cantidad fija de este producto como parte de su estipendio. Por su parte, sueldo, denominación predominante hoy en día para referirse al pago que el trabajador recibe por sus servicios, procede de la palabra latina solĭdus, que era el nombre que recibía una moneda antigua cuyo valor fue variando en las diferentes épocas en las que se utilizó.

Ahora bien, para dotar a esta unidad de una definición legal, debe acudirse al Art. 26.1 del Real Decreto Legislativo 2/2015, de 23 de octubre, por el que se aprueba el texto refundido de la Ley del Estatuto de los Trabajadores, que dice: «se considerará salario la totalidad de las percepciones económicas de los trabajadores, en dinero o en especie, por la prestación profesional de los servicios laborales por cuenta ajena, ya retribuyan el trabajo efectivo, cualquiera que sea la forma de remuneración, o los periodos de descanso computables como de trabajo».

Atendiendo a esta definición, se considera salario toda retribución que el trabajador perciba por los servicios que presta, independientemente de que se cobre en dinero o en especie (es importante este matiz, pues como se verá en el apartado *2.2. Devengos no salariales*, los empleados van a recibir ingresos que no son fruto directo del trabajo que realizan). Además, es importante hacer énfasis en que lo que el empleado cobra por los periodos de descanso computables como trabajo también se considera salario (por ejemplo, las vacaciones).

> El salario está constituido por el total de las percepciones salariales que el empleado recibe por el trabajo que realiza y por los periodos de descanso computables como trabajo, independientemente de que lo cobre en dinero o en especie.

La estructura del salario suele establecerse en el convenio colectivo o en el contrato individual de trabajo. En todo caso estará formada por el salario base, que se ha explicado en el apartado anterior, y por los complementos salariales.

### 2.1.3. Complementos salariales

Son aquellas cantidades que complementan al salario base, son fijadas en función de diversas circunstancias y tendrán que calcularse conforme a los criterios que se pacten en cada convenio colectivo o, en su defecto, en el contrato individual de trabajo. Se dividen en varios tipos:

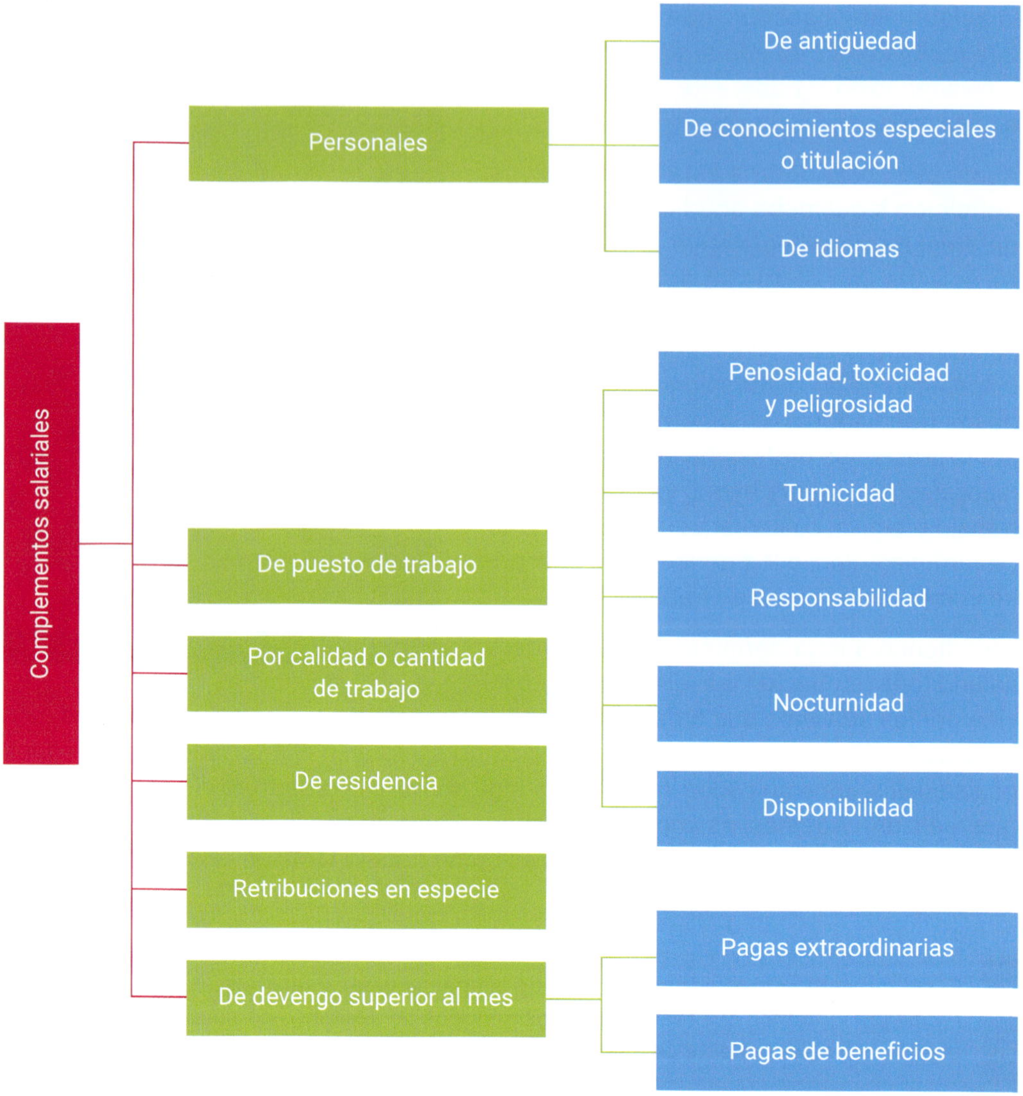

- **Complementos salariales**
  - Personales
    - De antigüedad
    - De conocimientos especiales o titulación
    - De idiomas
  - De puesto de trabajo
    - Penosidad, toxicidad y peligrosidad
    - Turnicidad
    - Responsabilidad
    - Nocturnidad
    - Disponibilidad
  - Por calidad o cantidad de trabajo
  - De residencia
  - Retribuciones en especie
  - De devengo superior al mes
    - Pagas extraordinarias
    - Pagas de beneficios

**I) Personales**: estos complementos se vinculan con aquellas condiciones personales del trabajador que sirven para mejorar la calidad del trabajo desarrollado o la productividad. Además, tienen la peculiaridad de que no han sido valorados al ser fijado el salario base. Son los pluses de: antigüedad, aplicación de títulos, idiomas, conocimientos especiales y cualquier otro de naturaleza análoga.

1) <u>De antigüedad</u>: es un plus que retribuye la experiencia del trabajador en la empresa. En algunos convenios la duración de la vinculación laboral del trabajador a la empresa genera el derecho a que cobre este complemento, pues se supone que un empleado con experiencia tendrá una mayor productividad que uno novel.

Este plus generalmente se concreta en forma de bienios, trienios, quinquenios o sexenios. ¿Y qué quiere decir esto? Pues que el plus se empieza a cobrar cuando el trabajador acumula un número determinado de años de experiencia. Así, el bienio será un periodo de dos años; el trienio, de tres; el cuatrienio, de cuatro; el quinquenio, de cinco; y el sexenio, de seis. De esta manera, en una empresa sujeta a un convenio en el que se les reconozca a los trabajadores el derecho a cobrar trienios, estos comenzarán a cobrar su primer trienio al inicio del cuarto año de actividad (percibirá el complemento a partir de la 37ª nómina inclusive). Esto es, el complemento de antigüedad se cobrará completo o no se cobrará.

## EJEMPLO PRÁCTICO 2.1

Rosario García, auxiliar administrativa, lleva 13 años, 7 meses y 12 días trabajando en la misma empresa. En caso de que su convenio estableciera pluses de antigüedad de todos los tipos que se han explicado, ¿cuántos bienios, trienios, quinquenios y sexenios tendría derecho a cobrar Rosario si el convenio no estableciera ningún límite? ¿Cuánto cobraría si por cada bienio la empresa le paga 30 € más al mes, por cada trienio 50 €, por cada quinquenio 60 € y por cada sexenio 100 €?

Antes de realizar los cálculos, recuerda que se deben tener en cuenta solo años completos y que no se pueden cobrar tramos: o se cobra el plus o no se cobra. Para calcularlo, hay que dividir los años de antigüedad que lleva en la empresa entre la base de años que corresponda en cada caso.

- Bienios: 13/2 = 6,5 ≈ 6 bienios, porque realmente ha cumplido 6 periodos completos de 2 años, hasta que no cumpla los 14 años de antigüedad no comenzará a cobrar el 7º bienio. → Cobraría mensualmente: 30 € × 6 bienios = 180 € más en concepto de antigüedad.
- Trienios: 13/3 = 4,33 ≈ 4 trienios, porque ha cumplido 4 periodos completos de 3 años en la empresa, hasta que no cumpla 15 años de antigüedad no comenzará a cobrar el 5º trienio. → Cobraría mensualmente: 50 € × 4 trienios = 200 € más en concepto de antigüedad.
- Quinquenios: 13/5 = 2,6 ≈ 2 quinquenios, porque ha cumplido 2 periodos completos de 5 años en la empresa, hasta que no cumpla 15 años de antigüedad no comenzará a cobrar el 3er quinquenio. → Cobraría mensualmente: 60 € × 2 quinquenios = = 120 € más en concepto de antigüedad.
- Sexenios: 13/6 = 2,17 ≈ 2 sexenios, porque ha cumplido 2 periodos completos de 6 años en la empresa, hasta que no cumpla 18 años de antigüedad no comenzará a cobrar el tercer sexenio. → Cobraría mensualmente: 100 € × 2 sexenios = 200 € más por antigüedad.

**EJERCICIOS**

**2.4.** Practica: María lleva 11 años, 11 meses y 2 días trabajando como administrativa en la empresa Nominados, S. A. ¿Cuántos bienios, trienios, quinquenios y sexenios tendría derecho a cobrar si el convenio no estableciera ningún límite? ¿Cuánto cobraría si por cada bienio la empresa le paga 35 € más al mes, por cada trienio 40 €, por cada cuatrienio 52 € y por cada sexenio 93 €?

**2.5.** Practica: busca y descarga el convenio colectivo de oficinas y despachos de Madrid (código número 28003005011981). Después, ve a su artículo 22 donde viene determinado cómo debe calcularse el complemento de antigüedad de los trabajadores suscritos a dicho convenio. Suponiendo que la trabajadora del ejercicio anterior cobra 1.340,55 € de salario base, ¿cuál sería el importe del complemento que va a percibir?

2) De conocimientos especiales: idiomas, títulos, etc. Es un complemento que perciben algunos trabajadores cuando la empresa se sirve de su conocimiento de idiomas o de la tenencia de un determinado título que no haya sido tenido en cuenta a la hora de establecer el salario base. Por ejemplo, un traductor posiblemente no cobrará plus idiomas, puesto que se supone que este conocimiento ya ha sido valorado en el salario base. Sin embargo, un administrativo que sepa varios idiomas y que utilice estos conocimientos en beneficio de la empresa es probable que pueda recibir un plus por este concepto, pues sus funciones principales normalmente no son las de traducción de textos y la empresa se está beneficiando de ese conocimiento.

   Del mismo modo, si un trabajador sabe idiomas o tiene una determinada titulación y la empresa no se aprovecha de ese conocimiento, tampoco cobrará este plus. Por ejemplo, que un jardinero sepa inglés o que pueda firmar recetas porque tiene la titulación de médico, *a priori*, es indiferente para la empresa, pues no va a redundar en una mejor labor por parte del empleado.

**II) De puesto de trabajo**: estos complementos remuneran una peculiaridad inherente al puesto de trabajo. Generalmente no tienen carácter consolidable (lo que quiere decir que si se cambia de puesto de trabajo, se dejan de cobrar) y los más habituales son los siguientes:

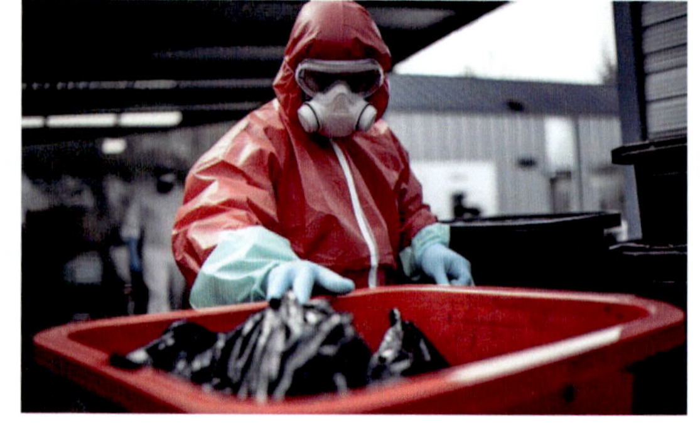

1) Penosidad, toxicidad, peligrosidad: se da en puestos de trabajo que entrañan un riesgo especial para el empleado a pesar de tomar las medidas de seguridad oportunas.

2) Turnicidad: es un complemento salarial que tiene por objeto compensar la incomodidad de trabajar a turnos y la repercusión que esto puede tener en la vida del empleado (si, por ejemplo, una persona trabaja unas semanas en el turno de mañana y otras en el de tarde, o en el de noche, la conciliación de la vida personal y laboral es más complicada que para quien siempre tiene el mismo turno).

3) Responsabilidad: retribuye a quienes en su desempeño diario se les exija una labor de responsabilidad, supervisión, coordinación o mando.

4) Nocturnidad: según el Estatuto de los Trabajadores el trabajo nocturno es aquel que se realiza entre las 22:00 h y las 6:00 h. Por convenio colectivo se puede ampliar la franja horaria, pero nunca reducirla. Los trabajadores que desempeñen sus funciones durante esas horas tendrán una retribución específica que vendrá determinada en convenio colectivo.

**EJERCICIO**

**2.6.** Investiga: según el convenio colectivo de oficinas y despachos de Madrid, ¿qué características tiene el plus de nocturnidad de este convenio? ¿Afecta a todos los trabajadores que sujetos al convenio realicen horas en franja nocturna?

5) Disponibilidad: compensa el compromiso del trabajador de estar localizado para atender posibles eventualidades fuera de su jornada laboral o incluso, si fuera necesario, reincorporarse al trabajo.

**III) Por calidad o cantidad de trabajo:** son complementos que el trabajador debe recibir por realizar un trabajo de mejor calidad o por sacar adelante una mayor cantidad de trabajo. Entre ellos destacan:

1) Primas e incentivos: estas retribuciones tratan de motivar al empleado a realizar una mejor labor, bien en términos de producción (cantidad o calidad), o bien en términos de ventas. Por un lado, las primas hacen referencia a retribuciones que dependen del volumen de producción (plus de producción o de productividad) o de la calidad del trabajo realizado (puede verse el caso en los servicios de atención al cliente de determinadas empresas, que vinculan el cobro de un plus a la satisfacción media de la clientela atendida). Por otro, los incentivos o comisiones suelen basarse en el logro de determinadas cifras de venta y su uso es frecuente entre los empleados del área comercial.

   Otro ejemplo puede verse en el negocio automovilístico, pues es frecuente que a los empleados de las fábricas de coches se les den incentivos por alcanzar determinadas ratios de producción (verbigracia: si el empleado consigue mantener una producción media de más de 50 unidades por hora, al finalizar el mes cobrará una determinada cantidad de dinero además de su sueldo) y que a los comerciales de coches, además de su salario establecido por tiempo de trabajo, se les pague una comisión expresada como un porcentaje sobre las ventas realizadas.

2) Pluses de asistencia o puntualidad: retribuyen el especial cuidado en el cumplimiento de estos conceptos. Aunque es cierto que no son muchos los convenios colectivos que recogen estos pluses al considerarse obligaciones del trabajador.

3) Horas extraordinarias: son aquellas horas que realiza el empleado y que exceden de la jornada ordinaria de trabajo, por lo que solo se retribuirán los meses

que efectivamente se realicen. Hay un límite máximo de 80 horas anuales y, *a priori*, no pueden ser realizadas por menores de 18 años ni por ningún trabajador durante el horario nocturno (salvo fuerza mayor). Estas horas se retribuirán, como mínimo, al mismo precio que una hora de la jornada de trabajo ordinaria, aunque lo habitual es que se paguen a un precio superior. También podrán ser compensadas por descanso en los cuatro meses siguientes a su realización y en este caso no computarán para el límite de horas realizadas.

Hay que tener en cuenta que puede haber dos tipos: horas extras ordinarias o estructurales y horas extras de fuerza mayor.

- Horas extras estructurales: son las que el trabajador realiza de forma voluntaria, salvo pacto contrario en el convenio o en el contrato que le obligue a su realización. Estas horas suponen simplemente un aumento de las horas de trabajo ordinario, esto es, durante su realización el trabajador estará desarrollando las mismas funciones que realiza en su jornada de trabajo habitual. A este tipo de horas extraordinarias se les aplican todas las características y limitaciones que se han explicado anteriormente.

- Horas extras de fuerza mayor: son aquellas que derivan de la necesidad de prevenir o reparar siniestros u otros daños extraordinarios que tengan carácter de urgencia, como el riesgo de deterioro de existencias en un almacén. Además, su realización es obligatoria para el trabajador y no computan en el límite anual de horas extras.

4) Horas complementarias: son horas que pueden realizar únicamente quienes estén contratados a tiempo parcial y se realizan de forma adicional a la jornada acordada. El empresario únicamente podrá exigir su realización cuando así se haya pactado con el trabajador (el pacto deberá estar obligatoriamente por escrito) y solo podrá realizarse con trabajadores que hayan sido contratados

por más de 10 horas semanales en cómputo anual. En todo caso, el número de horas complementarias no podrá exceder del 30 % de las horas objeto del contrato (es decir, un trabajador que tenga un contrato de 20 horas semanales no podrá pactar la realización de más de 6 horas complementarias) ni exceder la jornada ordinaria. Estas horas, salvo pacto en contrario que mejore la remuneración, se pagarán como horas de trabajo ordinario.

**IV) De vencimiento superior al mes:** en este caso, las más comunes son las gratificaciones extraordinarias y las pagas de beneficios.

1) Gratificaciones extraordinarias: se las conoce comúnmente como pagas extras o pagas extraordinarias. Aparecen reguladas por el Estatuto del Trabajador en su artículo 31 donde dice que «el trabajador tiene derecho a dos gratificaciones extraordinarias al año, una de ellas con ocasión de las fiestas de Navidad y la otra en el mes que se fije por convenio colectivo o por acuerdo entre el empresario y los representantes legales de los trabajadores. Igualmente se fijará por convenio colectivo la cuantía de tales gratificaciones». Por tanto, estas gratificaciones suponen, salvo que el convenio colectivo de aplicación establezca mejoras para el trabajador, que se cobren catorce pagas cada año: once pagas se corresponden con los meses efectivamente trabajados, una con el mes de vacaciones y otras dos con las pagas extraordinarias.

Llegados a este punto, resulta interesarte plantear cómo se devengan estas pagas, esto es: si un trabajador presta sus servicios a la empresa durante 15 días, parece lógico pensar que cobrará la mitad de lo que le correspondería por trabajar 30 días, pues es lo que ha generado. Sin embargo, ¿qué cuantía genera de cada paga extra? Pues depende de si las pagas extras son de devengo anual o de devengo semestral.

- Pagas extras de devengo anual:

  Con carácter general, el devengo de las pagas extras es anual. Lo que quiere decir que se generan desde el momento que se cobra la misma paga el año

anterior hasta que vuelve a producirse su cobro. Supongamos que un trabajador contratado el 1 de enero de este año tiene derecho a dos pagas extras de devengo anual por un importe de 2.400 € cada una de ellas: una la cobra en Navidad (31 de diciembre) y otra en verano (30 de junio).

Como su devengo es anual, cada mes generará el derecho a cobrar ambas pagas, esto es:

En enero generará el derecho a cobrar: de la paga de verano: 2.400/12 meses = = 200 €/mes; y de la paga de Navidad: 2.400/12 meses = 200 €/mes.

En febrero generará el derecho a cobrar: de la paga de verano: 2.400/ /12 meses = 200 €/mes; y de la paga de Navidad: 2.400/12 meses = 200€/mes. Y así sucesivamente el resto de los meses.

Ahora bien, cuando llegue el momento de cobrar la primera paga del mes de junio, el trabajador percibirá solo lo generado por ese concepto hasta la fecha de cobro de la extra (recordemos que ha sido contratado en enero de este año), esto se calcularía multiplicando lo devengado cada mes por los meses que efectivamente han transcurrido, en este caso: 200 €/mes × 6 meses de devengo (enero, febrero, marzo, abril, mayo y junio) = 1.200 € que cobraría el primer verano. A partir de ahí, comenzaría a generar el derecho a cobro de 200 € cada mes para el año siguiente cobrar la paga completa (200 €/ /mes × 12 meses = 2.400 €).

Por otra parte, la paga extra de Navidad del primer año la cobraría completa, pues al haber sido contratado el día 1 de enero el trabajador devengaría 200 € × 12 meses = 2.400 €.

- Pagas extras de devengo semestral:

  Las pagas se devengarán semestralmente solo si así lo recoge el convenio colectivo de aplicación. En la explicación anterior se podía ver cómo cuando el devengo es anual se generan las dos pagas extras a la vez, sin embargo, cuando el devengo es semestral lo que sucede es que primero se genera una y luego la otra. Veamos cómo sería el ejemplo planteado en el apartado anterior si se aplicase devengo semestral en vez de anual.

  En este caso, la paga extra de verano se generaría desde el 1 de enero hasta el 30 de junio; y la de Navidad, desde el 1 de julio hasta el 31 de diciembre. Si lo pasamos a números, en enero generaría de la paga de verano: 2.400 €/6 meses = 400 €/mes, sin embargo, de la paga de Navidad no generaría nada, pues solo se devengaría de julio a diciembre. Así, llegado el mes de junio en este caso el trabajador cobraría la paga completa: 400 €/ /mes × 6 meses = 2.400 € y llegado el mes de diciembre, también la cobraría completa.

**Entonces, ¿es más beneficioso para el trabajador que las pagas se devenguen semestralmente que anualmente?** Realmente **NO,** pues el trabajador percibirá finalmente el mismo dinero (2.400 € en verano + 2.400 € en Navidad = 4.800 €). La diferencia es el momento de cobro. En el primer caso (devengo anual) el trabajador contratado el 1 de enero ha cobrado un total de 1.200 € en junio + 2.400 € en diciembre = 3.600 €, pero ha generado el derecho a cobrar otros 1.200 € (lo que ha devengado de paga de verano de julio a diciembre: 200 € × 6 meses = 1.200 €. Pensemos que si fuera despedido el 1 de enero del año siguiente el empleador debería abonárselos.

Por su parte, en el devengo semestral el trabajador ha cobrado 2.400 € en junio y 2.400 € en diciembre, lo que hace un total de 4.800 € cobrados. Sin embargo, si el trabajador fuera despedido el 1 de enero del año siguiente no percibiría nada, pues todo lo devengado en concepto de pagas extras ya habría sido cobrado.

**Por tanto, puede concluirse que al final el trabajador percibirá la misma cantidad independientemente del método que se aplique.**

## 2.2. Devengos no salariales

Como ya se explicó en la unidad anterior, las percepciones extrasalariales no tienen como finalidad retribuir el trabajo realizado, sino indemnizar al empleado.

**¿Por qué es importante diferenciar entre percepciones salariales y no salariales?** Como se verá en temas futuros, **todas las percepciones salariales tributan y cotizan a la Seguridad Social** y afectan a la hora de calcular determinadas indemnizaciones del trabajador (por ejemplo, en caso de despido). Sin embargo, **las no salariales en algunos casos tributan y cotizan y en otros no,** o lo hacen parcialmente. Además, estas últimas no afectan a las indemnizaciones en caso de despido. Por ello, clasificar mal una percepción puede suponer un perjuicio tanto para la empresa como para el trabajador.

### 2.2.1. Percepciones no salariales

Las percepciones no salariales se dividen en: indemnizaciones o suplidos, prestaciones de la Seguridad Social, indemnizaciones por traslados, suspensiones o despidos y otras percepciones no salariales. A continuación, se explican las más habituales:

a) *Indemnizaciones o suplidos*: son las cuantías que se pagan a los trabajadores para suplir ciertos gastos a los que hacen frente como consecuencia de su actividad laboral.

   - **Gastos de locomoción**: gastos causados por desplazamientos del trabajador por orden de la empresa. Pueden suponer el abono por parte de la empresa de

billetes de transporte que previamente ha pagado el trabajador o una retribución por el kilometraje recorrido con el vehículo del empleado. Por ejemplo: un comercial que utiliza su coche como medio de transporte para realizar visitas a los clientes, generalmente recibirá una compensación por el gasto en combustible y el desgaste que estos trayectos suponen para su vehículo.

- **Gastos de manutención y estancia**: los percibe el trabajador que tiene que comer o dormir lejos de su centro de trabajo habitual por motivos laborales (también se conocen como dietas).
- **Desgaste de útiles y herramientas**: suponen un dinero que percibe el trabajador por el desgaste de herramientas de su propiedad que utiliza para su actividad laboral. Por ejemplo: si utiliza para su trabajo su ordenador o su teléfono personal.
- **Prendas de trabajo**: este complemento tiene la misma razón de ser que el desgaste de útiles y herramientas, pero en este caso hace referencia a la vestimenta.
- **Quebranto de moneda**: este plus suele pagársele a quienes en el desarrollo de su trabajo manejan dinero en efectivo. Se abona para subsanar posibles errores en el cambio o pérdidas involuntarias de dinero.
- **Plus de transporte y distancia**: tienen como finalidad compensar a los trabajadores el gasto que les supone el desplazamiento diario a su lugar de trabajo.

**¿El plus transporte/distancia es siempre extrasalarial?** Según una sentencia del Tribunal Supremo la consideración salarial o extrasalarial de este concepto no depende de la calificación jurídica que hace el convenio colectivo, sino de su verdadera naturaleza: si remunera efectivamente los gastos de desplazamiento del trabajador, será extrasalarial, y si no existe desplazamiento o traslado, se considerará salarial, pues no indemniza nada. De todos modos, en los ejercicios que se plantearán en este manual se considerará extrasalarial.

b) *Prestaciones de la Seguridad Social:* son aquellas prestaciones reconocidas por el sistema de Seguridad Social, bien directamente, bien a través de una entidad gestora o colaboradora (mutuas), o bien a través del empresario.

c) *Indemnizaciones por traslados, suspensiones o despidos:* estas indemnizaciones compensan los gastos que puede llegar a ocasionar en el trabajador una decisión empresarial como puede ser el desplazamiento del empleado a otro centro de trabajo que esté fuera de la localidad o la suspensión del contrato de trabajo. Además, la legislación española prevé determinadas indemnizaciones cuando se despide a un trabajador o cuando finalizan determinados contratos de trabajo temporales.

**¿Hay percepciones en especie no salariales?** Llegados a este apartado, es necesario puntualizar que no todas las percepciones en especie del trabajador son consideradas salario. Si bien la mayoría sí (salvo presunción *iuris tantum,* es decir, que salvo prueba en contrario de que lo percibido no es salario), lo cierto es que hay algunas retribuciones en especie que tienen un claro carácter indemnizatorio. Por ejemplo: los tiques restaurante.

## 2.2.2. Otras indemnizaciones

Además de las ya citadas, en el recibo de salarios aparece un apartado denominado *Otras percepciones no salariales:* en este espacio deben aparecer aquellos devengos que teniendo carácter indemnizatorio no estén incluidos en puntos anteriores, como por ejemplo los cursos de capacitación para los empleados que abone de forma íntegra la empresa. Además, en este punto también se incluyen las posibles mejoras que hagan los convenios colectivos de las indemnizaciones de la Seguridad Social, que se explican en el siguiente epígrafe.

## 2.2.3. Mejoras voluntarias

Las *mejoras voluntarias* son obligaciones empresariales que nacen en el contrato de trabajo o en el convenio colectivo. Su objetivo es complementar la protección que le otorga a los trabajadores la Seguridad Social, pues consisten en que la empresa se comprometa a mejorar algunas prestaciones u ofrecer protecciones que no estén contempladas por el ente público. Por ejemplo: si una empresa decide mejorar la prestación por IT derivada de accidente de trabajo o enfermedad profesional aumentando la indemnización del 75 % de la base reguladora al 100 %, ese 25 % de diferencia sería a cargo de la empresa y se incluiría en este apartado.

**EJERCICIO**

**2.7.** Investiga: con el fin de conocer más ejemplos de complementos extrasalariales, busca en Internet tablas resumen de conceptos extrasalariales incluidos y excluidos de las bases de cotización y de retención. Una vez tengas la información, guárdala, pues te servirá para futuras unidades a la hora de determinar las deducciones de la nómina.

# ACTIVIDADES FINALES

## AUTOEVALUACIÓN

**Responde a las siguientes cuestiones tipo test**

**2.1. Según el artículo 26.1 del Estatuto de los Trabajadores se considera salario:**

a) La totalidad de las percepciones recibidas por los trabajadores, ya sean en dinero o en especie.

b) El dinero recibido tanto por la prestación profesional de los servicios laborales por cuenta ajena como por los periodos de descanso computables como trabajo.

c) Las respuestas a) y b) son ciertas.

**2.2. La parte de la retribución del trabajador fijada por unidad de tiempo o de obra sin atender a ninguna otra circunstancia se denomina:**

a) Salario base.

b) Plus.

c) Indemnización.

**2.3. Las siglas SMI significan:**

a) Salario mínimo interno.

b) Salario mínimo interprofesional.

c) Sueldo máximo de interpretación.

**2.4. La cantidad de dinero más baja que un trabajador puede cobrar en España por un trabajo a jornada completa la fija:**

a) Cada empresa.

b) El Gobierno.

c) Los sindicatos.

**2.5. Son complementos salariales personales:**

a) Los complementos de antigüedad, de turnicidad y de responsabilidad.

b) Los complementos de nocturnidad, turnicidad y disponibilidad.

c) Los complementos de antigüedad, de titulación y de idiomas.

**2.6. Si una persona lleva trabajando en una empresa 5 años, ¿al cobro de cuántos bienios tendrá derecho?**

a) 2 bienios.

b) 2 bienios y medio.

c) 3 bienios.

**2.7. Las horas extras de fuerza mayor:**

a) Computan para el máximo de 80 horas extras realizadas en un año.

b) Son aquellas que derivan de la necesidad de prevenir o reparar siniestros u otros daños extraordinarios que tengan carácter de urgencia.

c) Las respuestas a) y b) son correctas.

**2.8. Las horas complementarias:**

a) Computan para el máximo de 80 horas extras realizadas en un año.

b) Solo pueden realizarlas quienes trabajen a jornada parcial previo pacto con el empresario.

c) Las respuestas a) y b) son ciertas.

**2.9. Tienen vencimiento superior al mes:**

a) Las pagas extras.

b) Las pagas de beneficios.

c) Todas las respuestas son correctas.

**2.10. Plus que se le paga normalmente a quien maneja dinero en efectivo durante su trabajo:**

a) Locomoción.

b) Quebranto de moneda.

c) Manutención.

## ACTIVIDADES DE REFUERZO

**2.11. Determina si los siguientes conceptos son salariales o extrasalariales:**

- Plus transporte/distancia.
- Quebranto de moneda.
- Plus convenio.
- Cursos de formación para los empleados.
- Indemnización por IT de la Seguridad Social.
- Plus de penosidad.
- Mejora de la indemnización por IT de la Seguridad Social.
- Plus de puntualidad.
- Plus de peligrosidad.

**2.12. Realiza un esquema que te permita consultar de un vistazo cuáles son las percepciones salariales y extrasalariales más importantes.**

**2.13. Calcula el complemento de antigüedad que le correspondería a José Hernández sabiendo que tiene un salario base de 1.800 € y que lleva trabajando en su empresa 14 años, 10 meses y 4 días, en los siguientes supuestos:**

a) Si el convenio de aplicación le reconociese el derecho a cobrar trienios de importe igual al 5 % de su salario base.

b) Si el convenio de aplicación le reconociese el derecho a cobrar sexenios de importe igual al 7,5 % de su salario base.

c) Si el convenio de aplicación le reconociese el derecho a cobrar quinquenios de importe igual al 4 % de su salario base.

d) Si el convenio de aplicación le reconociese el derecho a cobrar cuatrienios de importe igual al 8 % de su salario base.

**2.14. Un trabajador tiene reconocidos según su contrato individual de trabajo los siguientes conceptos retributivos:**

- Salario base: 1.600 €
- Plus transporte: 200 €
- Quebranto de moneda: 100 €
- Desgaste de herramientas: 50 €
- Además, la empresa paga por un seguro médico privado para el trabajador 50 € al mes (retribución en especie).

a) Determina qué percepciones son salariales, cuáles extrasalariales y súmalas por bloques.

b) El importe de las retribuciones en especie ¿supera el límite establecido por la normativa?

**2.15. Elisa Martínez, administrativa adjunta a la dirección de su empresa, tiene derecho a percibir dos pagas extraordinarias. El importe de cada paga es igual al salario base más el complemento de antigüedad. Determina el importe del prorrateo mensual de las pagas extras sabiendo que cobra un salario base de 1.600 € y un complemento de antigüedad de 200 €.**

**2.16. Francisco González, que trabaja como mozo de almacén en Calzados Lucas, tiene reconocido en su contrato de trabajo el derecho a cobrar 3 pagas extraordinarias: una en marzo, otra en junio y otra en diciembre. Cada una de estas pagas está compuesta por el salario base de Francisco. Determina el importe del prorrateo mensual de las pagas sabiendo que Francisco cobra 1.450 € de salario base.**

**2.17. Rubén Martín, que trabaja como reponedor en el supermercado Mercatunia, tiene reconocido en el convenio colectivo propio de la empresa el cobro de una paga extraordinaria de beneficios valorada en 800 €, además del cobro de dos pagas extras de importe igual al salario base más la antigüedad. Sabiendo que tiene un salario base de 1.200 € y un complemento de antigüedad reconocido de 300 €, calcula el importe del prorrateo mensual de las pagas.**

## ACTIVIDADES DE AMPLIACIÓN

**2.18. Localiza en Internet el Convenio Colectivo del Sector del Comercio en General de tu comunidad autónoma. Después, intenta contestar a las siguientes cuestiones:**

a) ¿Qué complementos salariales y extrasalariales aparecen en el convenio?

b) ¿A cuántas pagas extraordinarias tienen derecho los empleados acogidos a este convenio? ¿Qué conceptos incluyen? ¿De qué cuantía son las pagas?

c) ¿Cómo se paga el trabajo nocturno según este convenio?

**2.19. Realiza la actividad anterior con otro convenio diferente de tu elección y contrasta los resultados.**

# Deducciones

En esta unidad se explicarán y calcularán las principales deducciones que aparecen en una nómina. Desde las cuotas a la Seguridad Social y las retenciones e ingresos a cuenta del Impuesto sobre la Renta de las Personas Físicas (IRPF) que las empresas practican en nombre de sus asalariados, hasta otras deducciones que puedan llegar a darse (anticipos, valor de los productos recibidos en especie, etc.).

**Contenido**

Respecto al salario que devengan los trabajadores por cuenta ajena podría decirse que no es oro todo lo que reluce, pues como se ha comentado en la primera unidad de este manual las personas asalariadas no perciben todo lo que las empresas les pagan, sino que hay una parte de este monto que los pagadores tienen la obligación legal de retener. En este sentido, las partidas más importantes y a las que más se suele hacer referencia cuando se habla de deducciones son las cuotas a la Seguridad Social y la retención del IRPF. Sin embargo, como se verá a lo largo de esta unidad, hay otras partidas que en ocasiones se deben descontar del total devengado.

## 3.1. Cuotas de Seguridad Social

Para abordar este apartado es necesario dotarlo de un contexto. En primer lugar, se debe comprender que el Sistema de la Seguridad Social es la forma a través de la cual el Estado garantiza cierto amparo económico a las personas que están bajo su paraguas protector (la protección económica no siempre se da mediante la entrega directa de dinero, sino que puede producirse mediante la prestación de servicios de forma «gratuita»).

En España, la Seguridad Social está organizada en varios regímenes: un Régimen General y varios Regímenes Especiales.

> **Los regímenes** son las diferentes vías que tiene la Seguridad Social para garantizar el amparo económico y de bienestar a los contribuyentes en función de la actividad laboral que desarrolle cada uno.

En el Régimen General se encuentran incluidos la mayoría de los trabajadores por cuenta ajena. Además, este régimen engloba varios Sistemas Especiales (estos sistemas se rigen por las normas del Régimen General, pero cada uno tiene alguna peculiaridad que lo hace único. Son ejemplos de ello: el Sistema Especial Agrario o el Sistema Especial para Empleados del Hogar).

Por otro lado, los Regímenes Especiales tienen mayores diferencias que los Sistemas Especiales respecto al Régimen General y no siempre están formados por personas asalariadas, sino que también dan cabida a los trabajadores por cuenta propia. El más conocido de estos es el Régimen Especial de Trabajadores Autónomos (RETA).

En este manual, como el tema principal que nos ocupa es la elaboración del recibo de salarios de los trabajadores, siempre se hará referencia al Régimen General.

El amparo que el Estado ofrece a la mayoría de los ciudadanos a través de la Seguridad Social no es ni mucho menos gratuito, como puede suponerse, y la principal fuente de financiación que tiene son las cotizaciones sociales, tanto de trabajadores como de empresas.

Por ello, las cotizaciones del trabajador a la Seguridad Social son una de las principales partidas a las que todos los asalariados deben hacer frente. Su pago es obligatorio y abre la puerta al trabajador a la acción protectora de la Seguridad Social, pues es condición *sine qua non* para ser beneficiario de muchas ayudas sociales haber cotizado durante un determinado periodo de tiempo. Algunas de las más conocidas son: la prestación por desempleo (conocida comúnmente como el paro), las prestaciones por nacimiento y cuidado del menor (maternidad y paternidad), la pensión de jubilación o las bajas por incapacidad temporal (pues cuando se está enfermo o cuando se tiene un accidente de trabajo no se dejan de percibir ingresos si se cumplen las condiciones previstas en la normativa). Además, la inclusión en el Sistema garantiza la asistencia sanitaria.

Ahora, una vez expuesto el porqué de la cotización, se explicará cómo debe calcularse a fin de incluirla en el recibo de salarios.

### 3.1.1. Determinación de las bases de cotización

Las cotizaciones sociales de los trabajadores se descuentan del total devengado, pues las empresas deben ingresarlas en la Seguridad Social en nombre de sus asalariados.

Para calcular cuánto hay que descontarle al empleado, debe tenerse en cuenta que las cotizaciones no suponen una cuantía fija, sino que se determinan como un porcentaje sobre unas bases que se calculan para este fin: se las conoce como bases de cotización. Pueden diferenciarse: base de cotización por contingencias comunes, bases de cotización por horas extraordinarias y base de cotización por contingencias profesionales.

### I) BASE DE COTIZACIÓN POR CONTINGENCIAS COMUNES

Es la base que se va a utilizar para calcular las cuotas destinadas a la protección de la persona ante contingencias comunes. Aunque dicho así puede sonar algo abstracto, las contingencias comunes son los sucesos que pueden derivar en una baja laboral pese a no estar relacionados directamente con el trabajo. Por ejemplo: una enfermedad que no derive de la actividad laboral, el nacimiento de un hijo, etcétera.

Para calcular esta base se deben sumar las percepciones salariales (excluidas las horas extraordinarias), la parte no exenta de las percepciones extrasalariales y la prorrata de las pagas extraordinarias.

> Base de cotización por contingencias comunes (BCCC) = percepciones salariales (sin horas extras) + percepciones no salariales - parte exenta de las percepciones no salariales + prorrata de las pagas extras.

Aunque ya se conoce la diferencia entre percepciones salariales y no salariales, en este momento se evidencia la importancia de distinguir unas de otras. Para facilitar la tarea, se muestra a continuación una tabla con las principales percepciones no salariales y retribuciones en especie en la que se indica qué parte está exenta de cotización:

**Tabla 3.1**

<table>
<tr><th colspan="6">Principales percepciones extrasalariales (parte exenta y parte computable)</th></tr>
<tr><th colspan="4">Concepto</th><th>Importe exento</th><th>Importe computable</th></tr>
<tr><td colspan="4">Pluses de transporte urbano y distancia*</td><td>Nada</td><td>Computa todo</td></tr>
<tr><td colspan="4">Quebranto de moneda, desgaste de útiles y herramientas, adquisición y mantenimiento de ropa de trabajo</td><td>Nada</td><td>Computa todo</td></tr>
<tr><td rowspan="7">Dietas de viaje</td><td colspan="3">Gastos de estancia</td><td>El importe justificado con factura</td><td>Todo lo que no esté justificado</td></tr>
<tr><td rowspan="6">Gastos de manutención</td><td rowspan="2">Pernocta</td><td>En España</td><td>53,34 €/día</td><td rowspan="6">El exceso de estas cantidades</td></tr>
<tr><td>En el extranjero</td><td>91,35 €/día</td></tr>
<tr><td rowspan="2">No pernocta</td><td>En España</td><td>26,67 €/día</td></tr>
<tr><td>En el extranjero</td><td>48,08 €/día</td></tr>
<tr><td rowspan="2">Personal de vuelo</td><td>En España</td><td>36,06 €/día</td></tr>
<tr><td>En el extranjero</td><td>66,11 €/día</td></tr>
</table>

<table>
<tr><th colspan="4">Principales percepciones extrasalariales (parte exenta y parte computable)</th></tr>
<tr><th colspan="2">Concepto</th><th>Importe exento</th><th>Importe computable</th></tr>
<tr><td rowspan="2">Gastos de locomoción</td><td>Según factura o documento equivalente (transporte público)</td><td>Importe de gasto justificado con factura</td><td>Todo lo que no esté justificado</td></tr>
<tr><td>Remuneración global (sin justificar el importe)</td><td>Hasta 0,26 €/km recorrido + gastos de peaje y aparcamiento debidamente justificados</td><td>Todo lo que supere esos 0,26 €/km recorrido</td></tr>
<tr><td colspan="2">Prestaciones de la Seguridad Social</td><td>Todo exento</td><td>Nada</td></tr>
<tr><td colspan="2">Mejoras de las prestaciones de la Seguridad Social por IT</td><td>Todo exento</td><td>Nada</td></tr>
<tr><td colspan="2">Indemnizaciones por despido o cese</td><td>Cuantía establecida en el ET</td><td>Exceso de esas cantidades</td></tr>
<tr><td colspan="2">Indemnización por fallecimiento, traslado o suspensiones</td><td>Cuantía prevista en el convenio aplicable</td><td>Exceso de esa cantidad</td></tr>
<tr><td rowspan="2">Retribuciones en especie</td><td>Vehículo y vivienda</td><td>Ver normativa</td><td>Ver normativa</td></tr>
<tr><td>Préstamos con tipos de interés inferiores al dinero</td><td>–</td><td>Diferencia entre interés pagado e interés legal</td></tr>
<tr><td colspan="4">En esta tabla se han incluido las percepciones extrasalariales y en especie más utilizadas. Sin embargo, pueden encontrarse otras de uso menos frecuente, por lo que en caso de duda se aconseja comprobar en la normativa vigente si tienen o no parte exenta de cotización.</td></tr>
</table>

* **Pluses de transporte y distancia:** aunque en los ejercicios de este manual siempre van a ser utilizados como pluses extrasalariales, el Tribunal Supremo se ha manifestado al respecto y ha aclarado que estos pluses también pueden tener naturaleza salarial. Serán salariales siempre que se abonen todos los meses, incluso en las pagas extras y en vacaciones, y siempre en la misma cantidad, sin tener en cuenta si las personas que lo cobran realizan realmente algún desplazamiento que los justifique.

Una vez sumadas las percepciones que deben incluirse y la prorrata de las pagas extraordinarias, es hora de comprobar en la siguiente tabla (susceptible de ser actualizada por la Seguridad Social) si la base que se ha calculado se encuentra entre las bases de cotización mínima y máxima establecidas para cada categoría profesional:

**Tabla 3.2**

| | Grupo de Cotización | Categorías profesionales | Bases mínimas | Bases máximas |
|---|---|---|---|---|
| | | | euros/ mes | euros / mes |
| Grupos de retribución mensual | 1 | Ingenieros y Licenciados | 1.847,40 | 4.720,50 |
| | 2 | Ingenieros Técnicos, Peritos y Ayudantes Titulados | 1.532,10 | 4.720,50 |
| | 3 | Jefes Administrativos y de Taller | 1.332,90 | 4.720,50 |
| | 4 | Ayudantes no Titulados | 1.323,00 | 4.720,50 |
| | 5 | Oficiales Administrativos | 1.323,00 | 4.720,50 |
| | 6 | Subalternos | 1.323,00 | 4.720,50 |
| | 7 | Auxiliares Administrativos | 1.323,00 | 4.720,50 |
| | | | **Bases mínimas** | **Bases máximas** |
| | | | **euros/día** | **euros /día** |
| Grupos de retribución diaria | 8 | Oficiales de primera y segunda | 44,1 | 157,35 |
| | 9 | Oficiales de tercera y Especialistas | 44,1 | 157,35 |
| | 10 | Peones | 44,1 | 157,35 |
| | 11 | Trabajadores menores de dieciocho años | 44,1 | 157,35 |

Aunque lo más habitual es que la base que se calcula se encuentre entre las establecidas como mínima y máxima, si se encontrara por debajo de la mínima se establecería como BCCC la base mínima de la tabla y si se encontrara por encima de la máxima se tomaría como BCCC la máxima establecida para el grupo de cotización del que se tratase.

Como puede observarse en la tabla anterior, los grupos de cotización del uno al siete se corresponden con trabajadores que reciben un salario mensual, esto es, trabajadores que cobran lo mismo todos los meses independientemente de la duración real del mes, ya sea febrero con sus 28/29 días o diciembre con sus 31. Por otra parte, pueden verse los grupos 8, 9, 10 y 11, que van a devengar su salario en función de los días que efectivamente tenga el mes, de tal forma que un trabajador del grupo 8 cobrará más los meses de 31 días que los meses de duración inferior.

Para resumir y esquematizar esta información y a fin de diferenciar cómo se calcula la base de cotización por contingencias comunes en cada uno de los casos (retribución mensual y retribución diaria), se presenta la siguiente tabla con los pasos a seguir en cada caso:

**Tabla 3.3**

<table>
<tr>
<td rowspan="2">Cálculo de la BCCC</td>
<td>Retribución mensual</td>
<td>PASO 1: se suman los devengos salariales y no salariales del mes al que se refiera la cotización (excepto los conceptos exentos que pueden verse en la Tabla 3.1 y las horas extraordinarias).<br><br>PASO 2: se calcula la prorrata de las pagas extraordinarias y se suma a lo calculado en el paso anterior (pues se cotiza sobre los derechos de cobro generados y no solo sobre los devengos que van a percibirse ese mes):<br><br>$Prorrata\ pagas = \frac{Suma\ del\ importe\ total\ de\ todas\ las\ pagas\ extras}{12\ meses}$<br><br>PASO 3: se comprueba que la base de cotización esté entre la base mínima y la máxima establecidas para el grupo de cotización del trabajador. Si la base fuera inferior a la mínima, se cotizará por la mínima, y si fuera superior a la máxima, se tomará la máxima establecida.</td>
</tr>
<tr>
<td>Retribución diaria</td>
<td>PASO 1: se suman los devengos salariales y no salariales del mes al que se refiera la cotización (excepto los conceptos exentos que pueden verse en la Tabla 3.1 y las horas extraordinarias). Hay que tener en cuenta que aquí cada concepto se establece en términos diarios (por ejemplo: salario base → 60 €/día).<br><br>PASO 2: se calcula y añade a lo anterior la prorrata diaria de las pagas extraordinarias (pues se cotiza sobre los derechos de cobro generados y no solo sobre los devengos que van a percibirse ese mes):<br><br>$Prorrata\ pagas = \frac{Suma\ del\ importe\ total\ de\ todas\ las\ pagas\ extras}{365\ o\ 366\ días, depende\ del\ año}$<br><br>PASO 3: se comprueba que la base de cotización diaria esté entre la base mínima diaria y la máxima diaria establecidas para el grupo de cotización del trabajador. Si la base fuera inferior a la mínima diaria, se cotizará por esta, y si fuera superior a la máxima, se considerará la establecida.<br><br>PASO 4: por último, la base de cotización diaria se multiplicará por el número de días que realmente tenga el mes (28, 29, 30 o 31) para calcular la BCCC.</td>
</tr>
</table>

### II) BASES DE COTIZACIÓN POR HORAS EXTRAORDINARIAS

Como se verá a lo largo de la unidad, los trabajadores tienen una cotización diferenciada para las horas extraordinarias en función de su tipología. Por ello, hay que determinar una base de cotización para cada tipo de horas extraordinarias: una base para las estructurales o «normales» y otra para las de fuerza mayor. Para calcularlas no es necesario realizar cuentas, simplemente hay que poner el importe que se cobrará por cada tipo de horas. Si el trabajador no hubiera realizado horas extras de alguno de los tipos citados a lo largo de ese mes, la base sería igual a cero.

Esto podemos resumirlo del siguiente modo:

- **Base de cotización por horas extras estructurales o normales** = importe devengado por la realización de este tipo de horas a lo largo del mes.
- **Base de cotización por horas extras de fuerza mayor o de obligada realización** = importe devengado por la realización de este tipo especial de horas extras a lo largo del mes.

En este punto es interesante recordar que las horas complementarias, cuya realización solamente pueden acordar con el empresario los trabajadores a jornada parcial, tienen consideración de salario y por lo tanto computan como una percepción salarial más, no como horas extras.

### III) BASE DE COTIZACIÓN POR CONTINGENCIAS PROFESIONALES

Es la base sobre la que se calculan los conceptos que tratan de cubrir contingencias derivadas del trabajo. Para calcularla, hay que sumar al importe de la base de cotización por contingencias comunes calculada (se hace sobre la calculada, no sobre la mínima ni sobre la máxima en caso de superar los límites) las bases de cotización por horas extraordinarias y, posteriormente, comprobar si están o no entre los límites establecidos para las contingencias profesionales:

**Tabla 3.4**

| **Mínimo y máximo para AT y EP (accidentes de trabajo y enfermedades profesionales)** | |
|---|---|
| **Mínimo** | **Máximo** |
| 1.323 €/mes | 4.720 €/mes |

Como puede apreciarse, en este caso siempre se hace referencia a importes mensuales, independientemente de que se trate de retribución diaria o mensual, y los mínimos y máximos son los mismos para todos los grupos profesionales.

De todos modos, la forma más clara de ver cómo se calculan las bases es mediante la resolución de un caso práctico de cada tipo:

## EJEMPLO PRÁCTICO 3.1

### CÁLCULO DE BASES DE COTIZACIÓN DE TRABAJADOR CON RETRIBUCIÓN MENSUAL

Rosario García, ayudante no titulada (grupo de cotización 4), percibe las siguientes retribuciones: 1.450 € de salario base y 150 € en concepto de antigüedad.

La trabajadora tiene derecho a percibir dos pagas extras a lo largo del año, una en junio y otra en diciembre. Cada paga es del mismo importe que el salario base. Se pide: calcular las bases de cotización.

**1.º Cálculo de la BCCC:**

**Paso 1.** Lo primero es anotar los devengos y determinar y descontar las partes excluidas de cotización, si las hubiera, así como calcular la prorrata de las pagas extras:

- Devengos:
  - Salario base: 1.450 €
  - Antigüedad: 150 €

**Paso 2.**

$$\textit{Prorrata pagas} = \frac{\textit{Suma del importe total de todas las pagas extras}}{\textit{12 meses}}$$

$$\textit{Prorrata pagas} = \frac{1.450 \times 2}{12} = 241,67\ €$$

Ahora, toca calcular la BCCC sumando los devengos incluidos y la prorrata.

- BCCC = 1.450 € + 150€ + 241,67€ = 1.741,67 €

**Paso 3.** Por último, hay que comprobar que se encuentra entre el mínimo y el máximo para el grupo de cotización del trabajador. En este caso, el mínimo (ver Tabla 3.1) es 1.323 € y el máximo 4.127,50 €, por lo que puede concluirse que la BCCC será la base que se ha calculado:

- BCCC = 1.741,67 €

**2.º Cálculo de las bases de cotización por horas extraordinarias:** no hay, pues no consta la realización de horas extras.

- BCHEFM (fuerza mayor) = 0 €
- BCHE (resto de horas extra) = 0 €

**3.º Cálculo de la base de cotización por contingencias profesionales (BCCP):** para determinar esta base hay que sumarle a la BCCC calculada (para esto no se toma nunca la mínima ni la máxima) las bases de cotización por horas extras. En este caso:

- BCCP = 1.741,67 € + 0 € = 1.741,67 €

Finalmente, se comprueba si está entre los límites establecidos para este concepto (ver Tabla 3.4). Como en este caso está entre los límites, la BCCP también sería la calculada.

## EJEMPLO PRÁCTICO 3.2

### CÁLCULO DE BASES DE COTIZACIÓN DE TRABAJADOR CON RETRIBUCIÓN MENSUAL Y HORAS EXTRAS

Pascua López, auxiliar administrativa (grupo de cotización 7), percibe las siguientes retribuciones:

- Salario base: 1.450 €
- Antigüedad: 150 €
- A lo largo del mes realiza 4 horas extras estructurales y 2 de fuerza mayor que le retribuyen a razón de 25 €/hora.

La trabajadora tiene derecho a percibir dos pagas extras a lo largo del año, una en junio y otra en diciembre. Cada paga es del mismo importe que el salario base.

Se pide: calcular las bases de cotización.

**Paso 1.**

- Cálculo de devengos (sin horas extras):
  - Salario base: 1.450 €
  - Antigüedad: 150 €

**Paso 2.**

$$\textit{Prorrata pagas} = \frac{\textit{Suma del importe total de todas las pagas extras}}{\textit{12 meses}}$$

$$\textit{Prorrata pagas} = \frac{1.450 \times 2}{12} = 241{,}67\ €$$

Cálculo de la BCCC sumando los devengos incluidos y la prorrata:

- BCCC = 1.450 € + 150€ + 241,67€ = 1.741,67 €

**Paso 3.** Por último, hay que comprobar que se encuentra entre el mínimo y el máximo para el grupo de cotización de la trabajadora. En este caso, el mínimo (ver Tabla 3.2) es 1.323 € y el máximo 4.127,50 €, por lo que puede concluirse que la BCCC será la base que se ha calculado:

- BCCC = 1.741,67 €

**2.° Cálculo de las bases de cotización por horas extraordinarias:** se apuntan en bloques separados:

- BCHEFM (fuerza mayor) = 2 horas × 25 €/hora = 50 €
- BCHE (resto de horas extra) = 4 horas × 25 €/hora = 100 €

**3.° Cálculo de la base de cotización por contingencias profesionales (BCCP):** para determinar esta base hay que sumarle a la BCCC calculada (para esto no se toma nunca la mínima ni la máxima) las bases de cotización por horas extras. En este caso:

- BCCP = 1.741,67 € + 50 € + 100 € = 1.891,67 €

Finalmente, se comprueba si está entre los límites establecidos para este concepto (ver Tabla 3.4). Como en este caso sí lo está, la BCCP sería la calculada:

- BCCP = 1.891,67 €

**EJERCICIOS**

**3.1.** Recuerda y aprende: elabora un esquema en el que dejes reflejados los pasos a seguir para calcular las bases de cotización a la Seguridad Social. Este esquema te será muy útil para realizar los ejercicios venideros.

**3.2.** Practica: calcula las bases de cotización a la Seguridad Social de Pepe Rodríguez, que trabaja como ingeniero (grupo de cotización 1) y el mes de marzo ha percibido las siguientes retribuciones:

Salario base: 1.790 €

Plus idiomas: 200 €

Además, Pepe tiene derecho a recibir 2 pagas extras al año: una en junio y otra en diciembre, cada una de importe igual al salario base más el plus idiomas.

**3.3.** Practica: calcula las bases de cotización a la Seguridad Social del ejercicio anterior suponiendo que Pepe hubiera realizado las siguientes horas extras:

Horas extras de fuerza mayor: 100 €

Horas extras estructurales: 150 €

## EJEMPLO PRÁCTICO 3.3

### CÁLCULO DE BASES DE COTIZACIÓN DE TRABAJADOR CON RETRIBUCIÓN DIARIA Y HORAS EXTRAORDINARIAS

José Ignacio Navas, oficial de primera (grupo de cotización 8), percibe las siguientes retribuciones:

- Salario base: 45 €/día
- Plus disponibilidad: 3€/día
- Prendas de trabajo: 1€/día
- A lo largo del mes realiza 4 horas extras que le retribuyen a 30 €/hora.

El trabajador tiene derecho a percibir dos pagas extraordinarias a lo largo del año, una en junio y otra en diciembre. Cada paga es de importe igual a 30 días de salario base.

Se pide: calcular las bases de cotización del mes de marzo.

**Paso 1.** Se calcula la retribución diaria:

- Salario base: 45 €/día
- Disponibilidad: 3€/día
- Prendas de trabajo: 1€/día

**Paso 2.** Se calcula la prorrata diaria de las pagas extras y la BCCC diaria:

$$\textit{Prorrata pagas} = \frac{\textit{Suma del importe total de todas las pagas extras}}{365}$$

$$\textit{Prorrata pagas} = \frac{2 \textit{ pagas} \times 30 \textit{ días} \times 45 \text{ €}/\textit{día}}{365 \textit{ días}} = 7{,}39 \text{ €}/\textit{día}$$

Cálculo de la BCCC diaria sumando los devengos incluidos y la prorrata:

- BCCC diaria = 45 € + 3 € + 1 € + 7,39 € = 56,39 €/día

**Paso 3**. Ahora hay que comprobar que la base calculada se encuentra entre la base diaria mínima y máxima para el grupo de cotización del trabajador. En este caso, el mínimo (ver Tabla 3.2) es 44,10 €/día y el máximo 157,35 €/día, por lo que puede concluirse que la BCCC diaria será la base que se ha calculado.

**Paso 4.** Finalmente, se calcula la BCCC multiplicando la BCCC diaria por el número de días del mes.

- BCCC = BCCC diaria × nº de días = 56,39 €/día × 31 días = 1.784,09 € es la base de cotización del trabajador para el mes de marzo.

**2.º Cálculo de las bases de cotización por horas extraordinarias:** se computan mensualmente, igual que en el caso de los trabajadores con remuneración mensual, pues a fin de cuentas son las horas que se han realizado a lo largo del mes.

- BCHE (resto de horas extra) = 4 horas × 30 €/hora = 120 €

**3.º Cálculo de la base de cotización por contingencias profesionales (BCCP):** para determinar esta base hay que sumarle a la BCCC calculada (para esto no se toma nunca la mínima ni la máxima, aunque sea la diaria multiplicada por el nº de días) las bases de cotización por horas extras. En este caso:

- BCCP = 1.784,09 € + 120 € = 1.904,09 €

Finalmente, se comprueba si está entre los límites establecidos para este concepto (ver Tabla 3.4). Como en este caso sí lo está, la BCCP sería la calculada:

- BCCP = 1.904,09 €

**EJERCICIO**

**3.4.** Practica: Marcelino Panero, oficial de tercera (grupo de cotización 9), percibe las siguientes retribuciones:

Salario base: 52 €/día

Prendas de trabajo: 1€/día

A lo largo del mes realiza 2 horas extras que le retribuyen a 28 €/hora.

El trabajador tiene derecho a percibir dos pagas extraordinarias a lo largo del año, una en junio y otra en diciembre. Cada paga es de importe igual a 30 días de salario base.

Se pide: calcular las bases de cotización del mes de febrero.

## 3.1.2. Conceptos y tipos de cotización a cargo del trabajador y de la empresa

Ahora que ya se ha expuesto cómo se determinan las bases sobre las que se calcularán las aportaciones de empleados y empleadores a la Seguridad Social, toca proceder al cálculo de las cuotas que deberán abonar. Para ello, es necesario conocer los conceptos por los que se cotiza y el tipo de cotización de cada concepto.

El tipo de cotización es el porcentaje que, aplicado sobre la base de cotización que corresponda, determinará la cuota que se debe pagar por cada concepto.

Actualmente, los tipos de cotización vigentes son los siguientes (esta tabla es susceptible de ser actualizada o modificada por la Seguridad Social):

**Tabla 3.5**

<table>
<tr><th colspan="5">Tipos de cotización (%)</th></tr>
<tr><th colspan="2">Concepto</th><th>Empresa</th><th>Trabajadores</th><th>Base de cotización</th></tr>
<tr><td colspan="2">Contingencias comunes</td><td>23,60</td><td>4,70</td><td>BCCC</td></tr>
<tr><td colspan="2">MEI (Mecanismo de equidad intergeneracional)</td><td>0,58</td><td>0,12</td><td>BCCC</td></tr>
<tr><td rowspan="2">Desempleo</td><td>Tipo general (contrato indefinido)</td><td>5,50</td><td>1,55</td><td>BCCP</td></tr>
<tr><td>Contrato de duración determinada</td><td>6,70</td><td>1,60</td><td>BCCP</td></tr>
<tr><td colspan="2">Horas extraordinarias de fuerza mayor</td><td>12,00</td><td>2,00</td><td>BCHEFM</td></tr>
<tr><td colspan="2">Resto de horas extraordinarias</td><td>23,60</td><td>4,70</td><td>BCHE</td></tr>
<tr><td colspan="2">Formación profesional</td><td>0,60</td><td>0,10</td><td>BCCP</td></tr>
<tr><td colspan="2">FOGASA (Fondo de garantía de salarios)</td><td>0,20</td><td>No cotiza</td><td>BCCP</td></tr>
</table>

**Contingencias profesionales por AT y EP (accidente de trabajo y enfermedad profesional):** estas contingencias no tienen un tipo fijo, sino que varían dependiendo del riesgo de la actividad del trabajador y de la empresa en la que desarrollen su actividad. Para determinar qué tipo tendrá que utilizarse en cada caso, es necesario recurrir a la tarifa de primas por AT y EP que puede descargarse en la página web de la Seguridad Social:

https://www.seg-social.es → *Trabajadores* → *Cotización/Recaudación de Trabajadores* → → *Primas de AT y EP.*

**La cotización por AT y EP siempre corre a cargo de la empresa, nunca del trabajador, y se divide en dos porcentajes diferentes que deben sumarse**: la cotización por IT (que es lo que paga la empresa por las posibles incapacidades temporales que puedan derivar del trabajo que realizan sus empleados) y la cotización por IMS (que asegura las posibles situaciones de incapacidad, muerte o supervivencia de los trabajadores). **El tipo de AT y EP se aplica sobre la BCCP.**

De los tipos y conceptos que aparecen en la Tabla 3.4, únicamente suponen una deducción del salario del trabajador los que son a su cargo. Sin embargo, para facilitar su explicación, también se incluyen en este apartado aquellos de los que debe hacerse cargo la empresa que, aunque no suponen una merma directa de salario para el trabajador, sí implican un coste laboral significativo para quien contrata sus servicios.

A continuación, se explica con un ejemplo el cálculo de las cotizaciones que afectan tanto para la plantilla como para la empresa:

## EJEMPLO PRÁCTICO 3.4

### CÁLCULO DE LAS CUOTAS DE COTIZACIÓN DE EMPLEADO Y EMPRESA A LA SEGURIDAD SOCIAL.

**Determina las cuotas a ingresar en la Seguridad Social correspondientes al trabajador Pedro Ortega, que trabaja en la empresa Madral, S. A., sabiendo que tiene un contrato indefinido y que las bases de cotización calculadas han sido:**

**BCCC = 1.500 €**

**BCHEFM (horas de fuerza mayor) = 50 €**

**BCHE (horas extras) = 100 €**

**BCCP = 1.650 € → 1.500 + 50 + 100 = 1.650 €**

**Debido a la actividad que realiza, el tipo de cotización por IT e IMS del trabajador es: 1,50 %.**

**Solución:**

**1.º Cálculo de las cuotas de cotización del trabajador:**

Primero, hay colocar los conceptos por los que va a cotizar el trabajador y determinar la cuantía que se le va a deducir de su salario por cada uno de ellos:

| Cotización del trabajador a la Seguridad Social | | | | |
|---|---|---|---|---|
| **Concepto** | | **Base de cotización** | **Tipo (%)** | **Cuota** |
| Contingencias comunes | | BCCC (1.500 €) | 4,70 | 70,50€ |
| MEI (Mecanismo de equidad intergeneracional) | | BCCC (1.500 €) | 0,12 | 1,80€ |
| Desempleo | Tipo general (contrato indefinido) | BCCP (1.650 €) | 1,55 | 25,58€ |
| Formación profesional | | BCCP (1.650 €) | 0,10 | 1,65€ |
| Horas extraordinarias de fuerza mayor | | BCHEFM (50 €) | 2,00 | 1,00€ |
| Resto de horas extraordinarias | | BCHE (100 €) | 4,70 | 4,70€ |

Si se suman las aportaciones que realiza el trabajador por todos los conceptos se obtiene el total a deducir en la nómina por estos conceptos, en este caso: 105,23 €

**2.º Cálculo de las cuotas que debe pagar la empresa a la Seguridad Social:**

Para calcular estas aportaciones se hará lo mismo que con el trabajador, pero tomando los conceptos y porcentajes que le corresponden a la empresa (recuerda que esto implica un mayor coste laboral, pero no es una deducción).

| Cotización de la empresa a la Seguridad Social | | | | |
|---|---|---|---|---|
| **Concepto** | | **Base de cotización** | **Tipo (%)** | **Cuota** |
| Contingencias comunes | | BCCC (1.500 €) | 23,60 | 354,00€ |
| MEI (Mecanismo de equidad intergeneracional) | | BCCC (1.500 €) | 0,58 | 8,70€ |
| Desempleo | Tipo general (contrato indefinido) | BCCP (1.650 €) | 5,50 | 90,75€ |
| Formación profesional | | BCCP (1.650 €) | 0,60 | 9,90€ |
| FOGASA | | BCCP (1.650 €) | 0,20 | 3,30€ |
| AT y EP | | BCCP (1.650 €) | 1,50* | 24,75€ |
| Horas extraordinarias de fuerza mayor | | BCHEFM (50 €) | 12,00 | 6,00€ |
| Resto de horas extraordinarias | | BCHE (100 €) | 23,60 | 23,60€ |

* El % de AT y EP no es fijo.

Ahora, si se suman todas las cuotas, se obtiene el total de las aportaciones de la empresa a la Seguridad Social: 354 + 8,7 + 90,75 + 9,90 + 3,30 + 24,75 + 6 + 23,60 = 521,00€

**EJERCICIOS**

**3.5.** Practica: determina las cuotas a ingresar en la Seguridad Social de la trabajadora Paula Álvarez, que trabaja en la empresa Esperpéntica, S. A., sabiendo que tiene un contrato indefinido y que las bases de cotización han sido las siguientes:

BCCC = 1.500 €

BCHEFM (horas de fuerza mayor) = 50 €

BCHE (horas extras) = 100 €

BCCP = 1.650 € → 1.500 + 50 + 100 = 1.650 €

Debido a la actividad que realiza, el tipo de cotización por IT e IMS de la trabajadora es del: 3,60 %.

**3.6.** Practica: realiza el supuesto anterior suponiendo que a lo largo del mes no se hubieran realizado horas extras. Ten en cuenta que esto afectará a la BCCP.

**3.7.** Investiga: busca en la web y analiza la tabla actualizada de primas por AT y EP.

Una vez expuesto y comprendido el cálculo de las aportaciones a la Seguridad Social, es el momento de avanzar hacia el siguiente tipo de deducción que aparece en la nómina.

## 3.2. Retenciones e ingresos a cuenta del IRPF

En este apartado va a explicarse de forma somera, pues más adelante hay un capítulo dedicado a profundizar en este impuesto, cómo afecta el impuesto sobre la renta de las personas físicas al recibo de salarios.

Lo primero que debe saberse es que el IRPF es un impuesto progresivo, personal y directo que grava la renta de las personas físicas residentes en España. Esto es, es un impuesto que afecta, entre otros, a los trabajadores por cuenta ajena, pues tienen que tributar una parte de su salario a la Hacienda pública.

Para articular el modo de pagar el impuesto, la legislación vigente obliga a las empresas (pagadores de renta) a retener parte del salario de los trabajadores e ingresarlo en Hacienda en su nombre (es lo que se conoce como retención). De este modo, cuando los empleados tengan que hacer sus respectivas declaraciones de la renta y pagar sus impuestos habrá una parte de los mismos que ya estará ingresada en Hacienda.

Así las cosas, en este apartado del documento de nómina es donde las empresas van a reflejar la retención que les practican sus empleados por este concepto.

Ahora la cuestión es, a la hora de elaborar la nómina, ¿cuánto tiene que retenerle la empresa al trabajador por este concepto? Pues depende, porque como se ha indicado en la definición se trata de un impuesto progresivo, por lo que cuanto mayor sea la renta del trabajador, mayor será el porcentaje de que le tocará pagar y, además, es un impuesto personal, lo que quiere decir que tiene en cuenta circunstancias subjetivas del empleado, como su situación personal y familiar. Por ejemplo: un trabajador que sea soltero, que no tenga hijos y que cobre 50.000 € al año, tendrá que pagar más IRPF que otro que tenga el mismo salario pero que sin embargo tenga dos hijos a su cargo (aquí se ve lo personal del impuesto). Y ambos, a su vez, pagarán mayor porcentaje que otros dos trabajadores que estando en la misma situación respectivamente cobren salarios de 25.000 € anuales (por eso se dice que es progresivo).

Aunque solo se ha explicado el funcionamiento del impuesto *grosso modo*, y como de momento el objetivo es aprender a calcular las deducciones y a confeccionar nóminas, en los ejercicios que se propongan se darán los tipos de retención de IRPF que correspondan en cada caso y en la unidad propia del IRPF se profundizará más sobre cómo calcularlo.

En todo caso, igual que para calcular las cotizaciones de la Seguridad Social había que determinar las bases de cotización, para hacer estos cálculos es necesario determinar la base sobre la que se va a aplicar el IRPF: la base de retención.

La base de retención del IRPF se calcula restando al total devengado de la nómina (esto es, a lo que realmente va a cobrar el trabajador ese mes) las partes que estén exentas de IRPF.

> Base de retención del IRPF (BRIRPF) = total devengado de la nómina – partes exentas de IRPF.

A continuación, se presentan en formato de tabla las principales exenciones de IRPF que afectan a la nómina:

**Tabla 3.6**

| Principales conceptos exentos de retención del IRPF | | | | | |
|---|---|---|---|---|---|
| **Concepto** | | | | **Importe exento** | **Importe computable** |
| Dietas de viaje | Gastos de estancia | | | El importe justificado con factura | El resto |
| | Gastos de manutención | Pernocta | En España | 53,34 €/día | El exceso de estas cantidades |
| | | | En el extranjero | 91,35 €/día | |
| | | No pernocta | En España | 26,67 €/día | |
| | | | En el extranjero | 48,08 €/día | |
| | | Personal de vuelo | En España | 36,06 €/día | |
| | | | En el extranjero | 66,11 €/día | |
| Gastos de locomoción | | | Según factura o documento equivalente (transporte público) | Importe de gasto justificado con factura | El exceso de estas cantidades |
| | | | Remuneración global (sin justificar el importe) | Hasta 0,26 €/km recorrido + gastos de peaje y aparcamiento debidamente justificados | Todo lo que supere esos 0,26 €/km recorrido |
| Prestaciones de la Seguridad Social y mejoras por IT concedidas por las empresas | | | | Todo | Nada |
| Indemnizaciones por despido o cese | | | | Cuantía establecida en la normativa con el límite de 180.000 € | Exceso de esas cantidades |
| Indemnización por fallecimiento, traslado o suspensiones | | | | Cuantía prevista en la normativa aplicable | Exceso de esa cantidad |

| Principales conceptos exentos de retención del IRPF | | | |
|---|---|---|---|
| **Concepto** | | **Importe exento** | **Importe computable** |
| Retribuciones en especie | Vehículo y vivienda | Ver normativa | Ver normativa |
| | Tiques restaurante* | Hasta 11 € por día trabajado | Exceso de estas cantidades |
| | Préstamos con tipos de interés inferiores al dinero | – | Diferencia entre interés pagado e interés legal |

* A excepción de los tiques restaurante, que sí cotizan a la Seguridad Social y sin embargo hasta 11€ al día no tributan por IRPF, los conceptos que aparecen en la tabla son los mismos que los que aparecían en la tabla de conceptos exentos de cotización a la SS.

## EJEMPLO PRÁCTICO 3.45

### DETERMINACIÓN DE LA BASE DE RETENCIÓN DEL IRPF

Manuel Pérez, que trabaja en la empresa Nominatronix, S. L., recibe por su trabajo un salario base de 1.400 € y un plus de antigüedad de 120 €.

Además, tiene derecho a percibir dos pagas extraordinarias en junio y diciembre, de importe igual al salario base más el plus de antigüedad. Se pide:

a) Determina las bases de retención de este trabajador para el mes de marzo. Imagina que además ese mes ha cobrado 50 € en concepto de horas extraordinarias.

b) Determina las bases de retención para el mes de diciembre.

c) Determina las bases de retención del trabajador del mes de abril si cobrara las pagas prorrateadas todos los meses.

**Solución:**

a) En el mes de marzo, tendremos que sumar únicamente el salario base y la antigüedad, pues son los únicos devengos que efectivamente va a percibir ese mes.

Por tanto, la BRIRPF de marzo sería igual a: 1.400 + 200= 1.600 €

Si además este mes percibiera 50€ en conceptos de horas extraordinarias, el importe de la BRIRPF sería igual a 1.650 €

b) En el mes de junio, habría que sumar a todo lo anterior la paga extra que efectivamente cobra ese mes: 1.400 + 200 + 1.600 = 3.200 €

c) Si el trabajador cobrase las pagas prorrateadas su base de retención sería:

Prorrata pagas = (1.600 × 2) / 12 = 266,67 €

Por tanto, el total devengado del trabajador y, por ende, la BRIRPF sería:

1.400 + 200 + 266,67 = 1.866,67 €

**EJERCICIO**

**3.8.** Practica: Víctor Herrero, auxiliar administrativo, trabaja en la empresa Percebesinsal, S. L. y recibe por su trabajo las siguientes retribuciones:

- Salario base: 1.500 €
- Plus turnicidad: 120 €

Además, tiene derecho a percibir dos pagas extraordinarias, una en junio y otra en diciembre, de importe igual al salario base más el plus de antigüedad. Se pide:

a) Determina las bases de retención de este trabajador para el mes de febrero sabiendo que ese mes además ha realizado horas extras por importe de 30 €.

b) Determina las bases de retención para el mes de diciembre.

c) Determina las bases de retención del trabajador del mes de abril si cobrara las pagas prorrateadas todos los meses.

## 3.3. Otras deducciones

Las deducciones que se presentan a continuación (anticipos, valor de los productos recibidos en especie y otras deducciones) suelen darse con menos frecuencia que las anteriores, pero no por ello son menos relevantes, y resulta igualmente necesario conocerlas si se quiere realizar una buena gestión del pago de las nóminas en las empresas.

### 3.3.1. Anticipos

Como se explicó en la primera unidad, hay veces que los trabajadores para hacer frente a gastos sobrevenidos solicitan a las empresas adelantos de dinero. Para anotar en el recibo de salario estas cantidades correctamente, en la parte de devengos aparecerá el importe íntegro del salario del trabajador para que quede constancia de lo que realmente percibe y para poder aplicarle las retenciones y cotizaciones que en cada caso correspondan. Después, en las deducciones, en el apartado anticipos deberán restarse las cantidades que el trabajador efectivamente haya recibido por adelantado, pues en caso contrario los cobraría dos veces (si no se descontaran, el trabajador recibiría el dinero en el momento del adelanto y lo volvería a recibir el día de cobro de la nómina).

Por ejemplo: Juan, que trabaja como dependiente en un supermercado, percibe un salario neto de 1.300 € mensuales. El día 15 de marzo le pide a su empresa que le conceda un anticipo de 100 € y, al día siguiente, la empresa se los abona. Si en el recibo de salario no se descontase el importe del adelanto, Juan cobraría 100 € el día 16 y 1.300 € al finalizar el mes, lo que suma un total de 1.400 €. Sin embargo, si se deduce correctamente en el recibo de salarios, Juan cobraría 100 € el día 16 y 1.200 € en la fecha de cobro de la nómina (1.300 € - 100 € de adelanto), lo que dejaría la cuenta correctamente saldada.

### 3.3.2. Valor de los productos recibidos en especie

Los productos recibidos en especie se entienden aplicando la misma lógica que se ha seguido para explicar los anticipos de salario. A fin de cuentas, si el trabajador recibe una parte de su salario en bienes o servicios también deberá tributar y cotizar por ello (por lo que es necesario que aparezca en el total devengado). Sin embargo, como en el momento de pagar la nómina el trabajador ya ha percibido esta parte del salario, pues ha disfrutado de los bienes o servicios que en cada caso correspondan, su valor en euros deberá restarse al total devengado para evitar duplicar el pago.

Por ejemplo: Pedro, que trabaja como coordinador comercial, recibe un salario base de 1.800 € al mes y, además, la empresa le paga un seguro de vida valorado en 100 € mensuales. Cuando vaya a calcularse el total devengado de este trabajador deberán sumarse los 1.800 € de salario base más los 100 € de salario en especie, siendo el total devengado 1.900 €.

Ahora bien, suponiendo que fuera la única deducción que hubiera que practicarle al trabajador (por simplificar el supuesto vamos a olvidar por un momento la SS y el IRPF), el líquido a percibir de Pedro sería: 1.900 € del total devengado menos 100 € del pago en especie, lo que daría un total a percibir de 1.800 €. Si no se descontara este salario en especie, Pedro cobraría los 1.900 € y además disfrutaría de un seguro de vida valorado en 100 €.

### 3.3.3. Otras deducciones

Como ya se expuso en el primer tema de este manual, este espacio de la nómina está reservado para otro tipo de deducciones que pudieran llegar a aplicársele al trabajador.

# ACTIVIDADES FINALES

## AUTOEVALUACIÓN

Por ejemplo: cuotas sindicales, embargos de nóminas (pueden darse por diversas circunstancias), devoluciones de préstamos, etcétera.

**3.1. En España la Seguridad Social se divide en:**

a) Un Régimen General y varios Especiales.

b) Es única, no hace diferenciaciones.

c) Un Régimen Especial y varios Generales.

**3.2. El Sistema Especial Agrario de la Seguridad Social:**

a) Es un Régimen Especial.

b) Es un Sistema Especial dentro del Régimen General.

c) Todas las respuestas son falsas.

**3.3. A la hora de establecer las cotizaciones de los trabajadores se diferencian:**

a) Base de cotización por contingencias comunes y base de cotización por contingencias profesionales.

b) Base de cotización por contingencias comunes, las contingencias profesionales solo se les aplican a los autónomos.

c) Todas las respuestas son correctas.

**3.4. La base de cotización por contingencias comunes se calcula:**

a) BCCC = percepciones salariales (horas extras incluidas) + percepciones no salariales – – parte exenta de las percepciones no salariales + prorrata de las pagas extras.

b) BCCC = percepciones salariales (sin horas extras) + prorrata de las pagas extras.

c) BCCC = percepciones salariales (sin horas extras) + percepciones no salariales – – parte exenta de las percepciones no salariales + prorrata de las pagas extras.

**3.5. Los gastos de locomoción:**

a) Son una percepción no salarial.

b) Están exentos de cotización hasta 0,26 €/km recorrido.

c) Las respuestas a) y b) son correctas.

**3.6. La cotización por desempleo:**

a) Es la misma independientemente del contrato que tenga el trabajador.

b) Es superior para trabajadores con contrato temporal.

c) Es superior para trabajadores con contrato indefinido.

**3.7. La cotización por AT y EP:**

a) Es únicamente a cargo de la empresa.

b) Es únicamente a cargo del trabajador.

c) Cada uno tiene que afrontar su parte.

**3.8. El IRPF**

a) Es una parte de la cotización a la Seguridad Social.

b) Es un impuesto que grava la renta de las personas físicas en España.

c) Las respuestas a) y b) son ciertas.

**3.9. Los anticipos:**

a) Son la parte del salario que los trabajadores cobran en forma de bienes o de servicios.

b) Se corresponden siempre con horas extraordinarias.

c) Son adelantos de dinero que los trabajadores pueden solicitar a la empresa.

**3.10. Los productos recibidos en especie:**

## ACTIVIDADES DE REFUERZO

a) Es la parte del salario que los trabajadores cobran en forma de bienes o de servicios.

b) Se corresponden siempre con horas extraordinarias.

c) Son adelantos de dinero que los trabajadores pueden solicitar a la empresa.

**3.11. Calcula las bases de cotización a la Seguridad Social de María Peláez, ayudante no titulada (grupo de cotización 4), percibe las siguientes retribuciones: 1.300 € de salario base y 150 € en concepto de disponibilidad.**

**La trabajadora tiene derecho a percibir dos pagas extras a lo largo del año, una en junio y otra en diciembre. Cada paga es del mismo importe que el salario base.**

**3.12. Determina las cuotas a ingresar en la Seguridad Social de la trabajadora Sofía Rodríguez, que trabaja en la empresa Ostras Pedrín, S. A., sabiendo que tiene un contrato indefinido y que las bases de cotización han sido las siguientes:**

- BCCC = 1.400 €
- BCHEFM (horas de fuerza mayor) = 50 €
- BCHE (horas extras) = 50 €
- BCCP = 1.500 €

**Debido a la actividad que realiza, el tipo de cotización por IT e IMS de la trabajadora es del: 1,50 %.**

**3.13. Javier Martín, que trabaja en la empresa Bosque Azul, S. L., recibe por su trabajo un salario base de 1.500 € y un plus de antigüedad de 200 €.**

**Además, tiene derecho a percibir dos pagas extraordinarias en junio y diciembre, de importe igual al salario base más el plus de antigüedad. Se pide:**

## ACTIVIDADES DE AMPLIACIÓN

a) Determina las bases de retención de este trabajador para el mes de junio. Imagina que además ese mes ha cobrado 50 € en concepto de horas extraordinarias.

b) Determina las bases de retención para el mes de marzo.

**3.14. Susana Grisón, enmarcada en el Grupo 1 de cotización a la Seguridad Social, que trabaja en la empresa Antena 12, S. A., recibe por su trabajo un salario base mensual de 12.000 € y un plus de antigüedad de 1.000 €.**

**Además, tiene derecho a percibir dos pagas extraordinarias en junio y diciembre, de importe igual al salario base más el plus de antigüedad. Se pide:**

a) Determina las bases de cotización a la Seguridad Social y de retención de esta trabajadora para el mes de marzo. Imagina que además ese mes ha cobrado 100 € en concepto de horas extraordinarias.

b) Determina las bases de retención para el mes de diciembre.

c) Determina las bases de retención del mes de abril si cobrara las pagas prorrateadas todos los meses.

# Supuestos prácticos de nóminas

Esta unidad es eminentemente práctica y con su desarrollo se pretende dar una visión global de todo lo aprendido en las unidades anteriores. Para ello, se desarrollan 14 ejercicios prácticos paso a paso con diferentes casuísticas de nóminas, tanto de retribución mensual como diaria, que tratan de clarificar cómo se calcula y cumplimenta una nómina completa.

**Contenido**

A través de esta unidad, que es eminentemente práctica, se pretende aplicar todo lo aprendido en unidades anteriores.

En las siguientes páginas se plantean y desarrollan paso a paso diversos supuestos en los que se utilizan los diferentes tipos de devengos estudiados, se aplican las deducciones que en cada caso corresponden y se calcula el líquido a percibir por cada empleado. Además, se calculan y plasman en el recibo de salarios las cuotas que deben pagar las empresas a la Seguridad Social.

Para facilitar la tarea, los supuestos se dividen atendiendo al tipo de nómina (por un lado, se realizan supuestos de nóminas de retribución mensual y, por otro, de retribución diaria).

## 4.1. Supuestos resueltos de nóminas de retribución mensual

### Ejercicio resuelto 4.1: Nómina mensual sencilla

Pedro Rodríguez Álvarez ha firmado un contrato de trabajo indefinido el 1 de enero de 20XX con la empresa Academia la Pipiola, S. L.

Los datos de la empresa son:

- Número de identificación fiscal: B37560032
- Domicilio en Paseo César Real de la Riva, nº 35, Salamanca, C. P. 37012
- Código de cuenta de cotización: 370123456789

La empresa se dedica a prestar servicios educativos, por lo que su CNAE es 8559 y su cotización por IT e IMS será respectivamente de 0,8 % y 0,7 %, lo que suma un total de 1,50 %.

Por su parte, los datos del trabajador:

- Nombre y apellidos: Pedro Rodríguez Álvarez
- Fecha de nacimiento: 01/07/1990
- NIF: 91030284X
- Nº de afiliación: 375555012340
- Grupo profesional: (V) Auxiliar administrativo → Según convenio
- Grupo de cotización: (7) Auxiliares administrativos

Las retribuciones que la empresa le abona son las siguientes:

- Salario base: 1.500 €/mes
- Plus idiomas: 100 €/mes
- Además, tiene derecho a recibir dos pagas extraordinarias de devengo anual: una en junio y otra en diciembre.

Se pide: cumplimentar el recibo de salarios del mes de enero de Pedro teniendo en cuenta que Pedro comenzó a trabajar el día uno y que según su situación personal y familiar le corresponde una retención por IRPF del 12 %.

**RESOLUCIÓN PASO A PASO:**

**1.º Antes de cumplimentar el recibo de salario**s es recomendable hacer algunos cálculos. En primer lugar, **se deben anotar y calcular los diferentes devengos**, en este caso:

- Salario base: 1.500 €
- Plus idiomas: 100 €

*Aunque en este supuesto el primer paso no tiene mayor dificultad, hay supuestos en los que se deben calcular los pluses e indemnizaciones que en cada caso correspondan (casos de antigüedad, kilometraje, despidos, situaciones de baja...).*

**2.º Calculados los devengos se procede al cálculo de las bases de cotización y retención**.

Para esto, es necesario calcular la **prorrata de las pagas extraordinarias**, pues son necesarias para determinar las bases de cotización a la Seguridad Social.

$$\textit{Prorrata pagas} = \frac{\textit{Total pagas extras}}{12 \textit{ meses}} = \frac{(1.500 + 100) \times 2 \textit{ pagas}}{12 \textit{ meses}} = 266{,}67 \text{ €}/\textit{mes}$$

Ahora, se procede al cálculo de la base de cotización por contingencias comunes (BCCC), para lo que se deben sumar todas las percepciones salariales (excepto las horas extras), la prorrata de las pagas extraordinarias y de las percepciones no salariales aquellas partes que no estén exentas de cotización.

BCCC= 1.500 (salario base) + 100 (plus idiomas) + 266,67 (prorrata pagas) = 1.866,67 €

Es el momento de **comprobar si la base se encuentra entre la mínima y la máxima** para el grupo de cotización del trabajador:

**Tabla 4.1**

| | Grupo de Cotización | Categorías profesionales | Bases mínimas euros/mes | Bases máximas euros /mes |
|---|---|---|---|---|
| Grupos de retribución mensual | 1 | Ingenieros y Licenciados | 1.847,40 | 4.720,50 |
| | 2 | Ingenieros Técnicos, Peritos y Ayudantes Titulados | 1.532,10 | 4.720,50 |
| | 3 | Jefes Administrativos y de Taller | 1.332,90 | 4.720,50 |
| | 4 | Ayudantes no Titulados | 1.323,00 | 4.720,50 |
| | 5 | Oficiales Administrativos | 1.323,00 | 4.720,50 |
| | 6 | Subalternos | 1.323,00 | 4.720,50 |
| | 7 | Auxiliares Administrativos | 1.323,00 | 4.720,50 |
| | | | **Bases mínimas euros/día** | **Bases máximas euros /día** |
| Grupos de retribución diaria Grupos de retribución diaria | 8 | Oficiales de primera y segunda | 44,1 | 157,35 |
| | 9 | Oficiales de tercera y Especialistas | 44,1 | 157,35 |
| | 10 | Peones | 44,1 | 157,35 |
| | 11 | Trabajadores menores de dieciocho años | 44,1 | 157,35 |

**Como en este caso la base calculada sí está entre la mínima y máxima para el grupo de cotización 7, la BCCC es la que se ha calculado (1.866,67 €).**

Una vez determinada esta base, toca hacer lo propio con la base de cotización por horas extras (tanto de fuerza mayor como estructurales). **Como en este supuesto no hay horas extras, puede decirse que la base de cotización por estos conceptos (BCHE y BCHEFM) es 0 €**.

Después, habría que **calcular la base de cotización por contingencias profesionales (BCCP)**. Para ello, se deben **sumar todas las percepciones salariales (incluidas las horas extras), la prorrata de las pagas extraordinarias y, de las percepciones no salariales, aquellas partes que no estén exentas de cotización.**

*BCCP = 1.500 (salario base) + 100 (plus idiomas) + 266,67 (prorrata pagas)* = 1.866,67 €

Esta base puede comprenderse de una forma más sencilla si se calcula así:

*BCCP = BCCC (calculada) + BCHE + BCHEFM* = 1.866,67 + 0 + 0 = 1.866,67 €

Ahora, hay que **comprobar si se encuentra entre la base mínima y la máxima** por contingencias profesionales (estos límites son los mismos para todos los trabajadores, independientemente de su categoría profesional):

**Tabla 4.2**

| **Mínimo y máximo para AT y EP (accidentes de trabajo y enfermedades profesionales)** | |
|---|---|
| **Mínimo** | **Máximo** |
| 1.323 €/mes | 4.720 €/mes |

Como también se encuentra entre la base mínima y la máxima, la calculada será la BCCP que se tomará.

> **La base de cotización por contingencias profesionales no siempre es igual a la base de cotización por contingencias comunes más las horas extras.**
>
> Suele caerse en el error de pensar que la BCCP = BCCC + BCHE y, aunque en la mayor parte de las ocasiones es cierto, pues lo normal es que no se superen los límites establecidos anualmente por la Seguridad Social, no siempre es así. Si nos enfrentásemos a un caso en que la BCCC superase los máximos o no llegase al mínimo establecido para su grupo de cotización habría que tomar la base calculada para sumarle las horas extras, no la BCCC mínima o máxima.

**Por último, hay que establecer la base de retención del IRPF (BRIRPF) que se calcula sumando todos los devengos y restándole la parte exenta de tributación de los devengos no salariales** y de las retribuciones en especie (o sumar únicamente las partes sujetas de las percepciones no salariales, que es lo mismo). En este ejercicio todos los devengos son salariales, por lo que no habrá que descontar nada.

BRIRPF= 1500 (salario base) + 100 (plus idiomas) = 1.600,00 €

**En el IRPF no hay que comprobar nada, pues no hay base mínima ni máxima.**

Ahora que ya está disponible toda la información que se necesita, solo falta pasar los datos al recibo de salarios y hacer los cálculos oportunos para completar la nómina:

> Apreciación: Al tratarse de una nómina de retribución mensual, aunque enero tenga 31 días en el periodo de liquidación se van a poner siempre 30 días (si se trabaja el mes completo). Del mismo modo, si fuera febrero (28 o 29 días) también se pondrían 30.

| | | | |
|---|---|---|---|
| **Empresa** | Academia la Pipiola, S.L. | **Trabajador** | Pedro Rodríguez Álvarez |
| **Domicilio** | Paseo César Real de la Riva, nº 35 | **NIF** | 91030284X |
| **CIF** | B37560032 | **Número S.S.** | 375555012340 |
| **CCC** | 370123456789 | **Grupo profesional** | Auxiliar administrativo |
| | | **Grupo de cotización** | (7) Auxiliares administrativos |

| Periodo liquidación | Del 1 de enero al 31 de enero del 20xx | Nº días | 30 |
|---|---|---|---|

| **I. DEVENGOS** | | | **TOTALES** |
|---|---|---|---|
| 1. Percepciones salariales | | | |
| Salario base | | 1.500,00 € | |
| Complementos salariales: | | | |
| Plus idiomas | | 100,00 € | |
| Horas extraordinarias | | | |
| Horas complementarias | | | |
| Gratificaciones extraordinarias | | | |
| Salario en especie | | | |
| 2. Percepciones no salariales | | | |
| Indemnizaciones o Suplidos | | | |
| Prestaciones e indemnizaciones de la Seguridad Social | | | |
| Indemnizaciones por traslados, suspensiones o despidos. | | | |
| Otras percepciones no salariales | | | |
| **A. TOTAL DEVENGADO** | | **1.600,00 €** | |

| **II. DEDUCCIONES** | | | |
|---|---|---|---|
| **1. Aportaciones del trabajador a las cotizaciones a la S.S y conceptos de recaudación conjunta** | | | |
| | Tipo | | |
| Contingencias comunes | 4,70% | 87,73 € | |
| M.E. Intergeneracional | 0,12% | 2,24 € | |
| Desempleo | 1,55% | 28,93 € | |
| Formación Profesional | 0,10% | 1,87 € | |
| Horas extraordinarias normales | 4,70% | 0,00 € | |
| Horas extraordinarias de fuerza mayor | 2,00% | 0,00 € | |
| **TOTAL APORTACIONES** | | | 120,77 € |
| 2. IRPF | 12,00% | 192,00 € | |
| 3. Anticipos | | | |
| 4. Valor de los productos recibidos en especie | | | |
| 5. Otras deducciones | | | |
| **B. TOTAL A DEDUCIR** | | **312,77 €** | |
| **LIQUIDO TOTAL A PERCIBIR (A-B)** | | | **1.287,23 €** |

Firma y sello de la empresa — Fecha — Recibí

**DETERMINACIÓN DE LAS BASES DE COTIZACIÓN A LA SEGURIDAD SOCIAL Y CONCEPTOS DE RECAUDACIÓN CONJUNTA Y DE LA BASE SUJETA A RETENCIÓN DEL I.R.P.F. Y APORTACIÓN DE LA EMPRESA**

| | | | Tipo | Aportación Empresa |
|---|---|---|---|---|
| 1. Base de cotización por contingencias comunes | | | | |
| Remuneración mensual | 1.600,00 € | | | |
| Prorrata pagas extras | 266,67 € | | | |
| **TOTAL** | **1.866,67 €** | | 23,60% | 440,53 € |
| | | Base | | |
| 2. Base de Contingencias Profesionales y otros conceptos de recaudación conjunta | AT y EP | **1.866,67 €** | 1,50% | 28,00 € |
| | Desempleo | | 5,50% | 102,67 € |
| | FP | | 0,60% | 11,20 € |
| | FOGASA | | 0,20% | 3,73 € |
| 3. Cotización por horas extras | | **0,00 €** | 23,60% | 0,00 € |
| 4. Cotización por horas extras fuerza mayor | | **0,00 €** | 12,00% | 0,00 € |
| 5. Mecanismo de Equidad Intergeneracional | | **1.866,67 €** | 0,58% | 10,83 € |
| 6. Base sujeta a retención del IRPF | | 1.600,00 € | **Total** | **596,96 €** |

## Ejercicio resuelto 4.2: Nómina con complementos

Sofía Nieto Rodríguez trabaja en la empresa Academia la Pipiola, S. L. desde hace 8 años y 11 meses con un contrato indefinido. Los datos de la empresa son:

- Número de identificación fiscal: B37560032
- Domicilio en Paseo César Real de la Riva, nº 35, Salamanca, C. P. 37012
- Código de cuenta de cotización: 370123456789

La empresa se dedica a prestar servicios educativos, por lo que su CNAE es 8559 y su cotización por IT e IMS será respectivamente de 0,8 % y 0,7 %, lo que suma un total de 1,50 %.

Por su parte, los datos de la trabajadora son:

- Nombre y apellidos: Sofía Nieto Rodríguez
- Fecha de nacimiento: 01/07/1990
- NIF: 91030284X
- Nº de afiliación: 375555012340
- Grupo profesional: (V) Auxiliar administrativo → Según convenio
- Grupo de cotización: (7) Auxiliares administrativos

Las retribuciones que la empresa le abona son las siguientes:

- Salario base: 1.700 €/mes
- Plus idiomas: 80 €/mes
- Antigüedad: 6 % s/salario base por cada trienio
- Plus transporte: 50 €/mes
- Además, tiene derecho a recibir dos pagas extraordinarias de devengo anual de cuantía igual al salario base + antigüedad: una en junio y otra en diciembre.

Cumplimenta el recibo de salarios del mes de febrero teniendo en cuenta que según su situación personal y familiar le corresponde una retención por IRPF del 14 %.

¿Cuál sería para la empresa el coste mensual de tener contratada a esta trabajadora?

Para resolver este supuesto, se aplican los pasos anteriormente descritos:

**1.º Anotar y calcular los devengos:**

- Salario base: 1.700,00 €
- P. idiomas: 80,00 €
- Antigüedad: 2 trienios × (6% × 1.700€) = 204,00 €
- Plus transporte: 50 € (se toma como no salarial)

**2.º Calcular las bases de cotización a la Seguridad Social**

Para determinar la BCCC es necesario, en primer lugar, calcular la prorrata de las pagas extras:

$$\textit{Prorrata pagas} = \frac{(1.700 + 204) \times 2}{12} = 317{,}33\ €$$

Ahora, se halla la base de cotización por contingencias comunes:

- BCCC = 1.700 + 80 + 204 + 50 + 317,33 = 2.351,33 €

Como en este caso la base calculada sí está entre la mínima y máxima para su grupo de cotización, la BCCC es la que se ha calculado.

Después, hay que comprobar si se realizan horas extraordinarias y el tipo de hora que se realiza:

- BCHEFM = 0 €
- BCHE = 0 €

Por último, se calcula la base de cotización por contingencias profesionales.

- BCCP = BCCC calculada + Horas extraordinarias = 2.351,33 €

Como se encuentra entre la base mínima y máxima de cotización por AT y EP, se toma la BCCP calculada.

**3.º Calcular la base de retención del IRPF:**

- BRIRPF = Total devengado – partes exentas de retención por IRPF
- BRIRPF = 1.700 + 80 + 204 + 50 = 2.034,00 €

Ahora que ya está disponible toda la información que se necesita, solo falta pasar los datos al recibo de salarios y hacer los cálculos oportunos para completar la nómina:

| | | | |
|---|---|---|---|
| **Empresa** | Academia la Pipiola, S.L. | **Trabajador** | Sofia Nieto Rodríguez |
| **Domicilio** | Paseo César Real de la Riva, nº 35 | **NIF** | 91030284X |
| **CIF** | B37560032 | **Número S.S.** | 375555012340 |
| **CCC** | 370123456789 | **Grupo profesional** | Auxiliar administrativo |
| | | **Grupo de cotización** | (7) Auxiliares administrativos |

| Periodo liquidación | Del 1 de febrero al 28 de febrero del 20xx | Nº días | 30 |
|---|---|---|---|

| **I. DEVENGOS** | | **TOTALES** |
|---|---|---|
| 1. Percepciones salariales | | |
| Salario base | 1.700,00 € | |
| Complementos salariales: | | |
| Plus idiomas | 80,00 € | |
| Antigüedad | 204,00 € | |
| | | |
| Horas extraordinarias | | |
| Horas complementarias | | |
| Gratificaciones extraordinarias | | |
| Salario en especie | | |
| 2. Percepciones no salariales | | |
| Indemnizaciones o Suplidos | | |
| Transporte | 50,00 € | |
| | | |
| Prestaciones e indemnizaciones de la Seguridad Social | | |
| Indemnizaciones por traslados, suspensiones o despidos. | | |
| Otras percepciones no salariales | | |
| | | |
| **A. TOTAL DEVENGADO** | | **2.034,00 €** |

**II. DEDUCCIONES**

**1. Aportaciones del trabajador a las cotizaciones a la S.S y conceptos de recaudación conjunta**

| | Tipo | | |
|---|---|---|---|
| Contingencias comunes | 4,70% | 110,51 € | |
| M.E. Intergeneracional | 0,12% | 2,82 € | |
| Desempleo | 1,55% | 36,45 € | |
| Formación Profesional | 0,10% | 2,35 € | |
| Horas extraordinarias normales | 4,70% | | |
| Horas extraordinarias de fuerza mayor | 2,00% | | |
| **TOTAL APORTACIONES** | | | **152,13 €** |
| 2. IRPF | 14,00% | 284,76 € | |
| 3. Anticipos | | | |
| 4. Valor de los productos recibidos en especie | | | |
| 5. Otras deducciones | | | |
| **B. TOTAL A DEDUCIR** | | **436,89 €** | |
| **LIQUIDO TOTAL A PERCIBIR (A-B)** | | | **1.597,11 €** |

Firma y sello de la empresa | Fecha | Recibí

**DETERMINACIÓN DE LAS BASES DE COTIZACIÓN A LA SEGURIDAD SOCIAL Y CONCEPTOS DE RECAUDACIÓN CONJUNTA Y DE LA BASE SUJETA A RETENCIÓN DEL I.R.P.F. Y APORTACIÓN DE LA EMPRESA**

| | | | Tipo | Aportación Empresa |
|---|---|---|---|---|
| 1. Base de cotización por contingencias comunes | | | | |
| Remuneración mensual | 2.034,00 € | | | |
| Prorrata pagas extras | 317,33 € | | | |
| **TOTAL** | 2.351,33 € | | 23,60% | 554,91 € |
| | | Base | | 0,00 € |
| 2. Base de Contingencias Profesionales y otros conceptos de recaudación conjunta | AT y EP | 2.351,33 € | 1,50% | 35,27 € |
| | Desempleo | | 5,50% | 129,32 € |
| | FP | | 0,60% | 14,11 € |
| | FOGASA | | 0,20% | 4,70 € |
| 3. Cotización por horas extras | | **0,00 €** | 23,60% | 0,00 € |
| 4. Cotización por horas extras fuerza mayor | | **0,00 €** | 12,00% | 0,00 € |
| 5. Mecanismo de Equidad Intergeneracional | | 2.351,33 € | 0,58% | 13,64 € |
| 6. Base sujeta a retención del IRPF | | 2.034,00 € | **Total** | **751,96 €** |

Por otra parte, respondiendo a la pregunta de cuál sería el coste total para la empresa, se puede decir que **sería la suma del total devengado y las cuotas a la SS a cargo de la empresa.**

Esto es así porque Academia la Pipiola tiene que hacer frente a todos los devengos del trabajador, que en este caso suman un total de: 2.034,00 €.

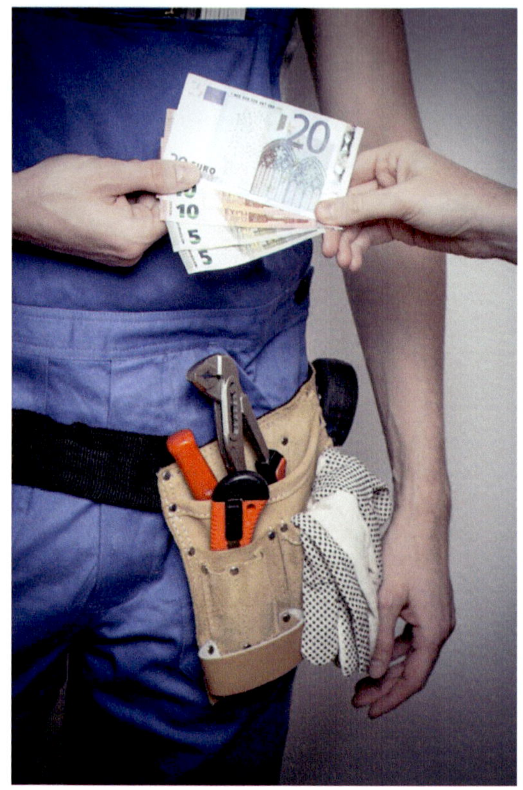

De estos devengos, una parte se le deduce al trabajador y la empresa lo ingresa en su nombre en la Seguridad Social y en Hacienda. Por lo que, aunque el trabajador no cobre el importe que se le deduce, sigue suponiendo un coste para el empresario. Pensemos que el empresario tiene que hacer: por un lado, el ingreso de las cuotas y los tributos y, por otro, el ingreso del líquido a percibir en la cuenta corriente del trabajador.

Finalmente, como ya se ha comentado en unidades anteriores, por el hecho de tener contratado al trabajador la empresa tiene que realizar unas aportaciones a la Seguridad Social (ver la parte final de la nómina) que, en este caso, están valoradas en un total de: 751,96 €.

Por tanto, el coste total de tener contratado al trabajador durante el mes de febrero es igual a: 2.034,00 € + 751,96 € = 2.785,96 €.

Con esto, puede concluirse que para que el trabajador perciba un total de 1.597,11 € mensuales (simulando una retención del IRPF del 14 %), el empresario tiene que desembolsar 2.758,96 €.

A todo lo anterior, si se quisiera ser más minucioso y exacto en el cálculo del coste que tendría para el empresario, se podrían adicionar otros costes asociados, como el del personal administrativo encargado de hacer estos trámites o el de la asesoría laboral.

## Ejercicio resuelto 4.3: Nómina con anticipos y kilometraje

Jonathan Ramos Fernández trabaja en la empresa Academia la Pipiola, S. L. desde hace 5 años y 1 mes con un contrato indefinido. Los datos de la empresa son:

- Número de identificación fiscal: B37560032
- Domicilio en Paseo César Real de la Riva, nº 35, Salamanca, C. P. 37012
- Código de cuenta de cotización: 370123456789

La empresa se dedica a prestar servicios educativos, por lo que su CNAE es: 8559 y su cotización por IT e IMS será respectivamente de 0,8 % y 0,7 %, lo que suma un total de 1,50 %. Por su parte, los datos del empleado son:

- Nombre y apellidos: Jonathan Ramos Fernández
- Fecha de nacimiento: 05/09/1988
- NIF: 71035349Q
- Nº de afiliación: 375555012340
- Grupo profesional: (III) Administrativo --> Según convenio
- Grupo de cotización: (5) Oficiales administrativos

Las retribuciones que la empresa le abona son las siguientes:

- Salario base: 1.600 €/mes
- Antigüedad: 6% s/salario base por cada quinquenio
- Plus disponibilidad: 150 €/mes
- Este mes Jonathan ha utilizado su coche para asistir a dos reuniones de trabajo fuera de su ciudad. En total ha recorrido 140 km y la empresa paga el kilometraje a 0,40 €/km recorrido.
- Además, tiene derecho a recibir dos pagas extraordinarias de devengo anual de cuantía igual al salario base + antigüedad: una en junio y otra en diciembre. El día 16 de abril el trabajador solicita un anticipo de 450 € y la empresa se lo abona el día 20 de ese mismo mes.

Cumplimenta el recibo de salarios del mes de abril teniendo en cuenta que según su situación personal y familiar le corresponde una retención por IRPF del 11,25 %.

Para resolver este supuesto, se aplican los pasos anteriormente descritos:

**1.º Anotar y calcular los devengos:**

- Salario base: 1.600,00 €
- P. disponibilidad: 150,00 €
- Antigüedad: 1 quinquenio × (6 % × 1.600 €) = 96,00 €
- Kilometraje (no salarial): 0,40 €/km recorrido × 140 km = 56 €, de los cuales están exentos de cotización y retención hasta 0,26 €/km recorrido → 0,26 €/km recorrido × × 140 km = 36,40 €. Aunque no se tribute por todo, el trabajador devenga los 56 €.

**2.º Calcular las bases de cotización a la Seguridad Social**

Para determinar la BCCC es necesario, en primer lugar, calcular la prorrata de las pagas extras:

$$\textit{Prorrata pagas} = \frac{(1.600 + 96) \times 2}{12} = 282{,}67\ €$$

Ahora, se halla la base de cotización por contingencias comunes:

- BCCC = 1.600 € + 150 € + 96 € + (56 € - 36,40 €) + 282,67 € = 2.148,27 €

Como en este caso la base calculada sí está entre la mínima y máxima para su grupo de cotización, la BCCC es la que se ha calculado.

Después, hay que comprobar si se realizan horas extraordinarias y el tipo de hora que se realiza:

- BCHEFM = 0 €
- BCHE = 0 €

Por último, se calcula la base de cotización por contingencias profesionales.

- BCCP = BCCC calculada + Horas extraordinarias = 2.148,27 €

Como se encuentra entre la base mínima y máxima de cotización por AT y EP, se toma la BCCP calculada.

**3.º Calcular la base de retención del IRPF:**

- BRIRPF = 1.600 € + 150 € + 96 € + (56 € - 36,40 €) = 1.865,60 €

Ahora que ya está disponible toda la información que se necesita, solo falta pasar los datos al recibo de salarios y hacer los cálculos oportunos para completar la nómina:

| | | | |
|---|---|---|---|
| **Empresa** | Academia la Pipiola, S.L. | **Trabajador** | Jonathan Ramos Fernández |
| **Domicilio** | Paseo César Real de la Riva, nº 35 | **NIF** | 71035349Q |
| **CIF** | B37560032 | **Número S.S.** | 375555012340 |
| **CCC** | 370123456789 | **Grupo profesional** | Administrativo |
| | | **Grupo de cotización** | (5) Oficiales administrativos |

| Periodo liquidación | Del 1 al 30 de abril de 2024 | Nº días | 30 |
|---|---|---|---|

| **I. DEVENGOS** | | | **TOTALES** |
|---|---|---|---|
| 1. Percepciones salariales | | | |
| Salario base | | 1.600,00 € | |
| Complementos salariales: | | | |
| Antigüedad | | 96,00 € | |
| Disponibilidad | | 150,00 € | |
| Horas extraordinarias | | | |
| Horas complementarias | | | |
| Gratificaciones extraordinarias | | | |
| Salario en especie | | | |
| 2. Percepciones no salariales | | | |
| Indemnizaciones o Suplidos | | | |
| Kilometraje | (0,40€/Km * 140 Km) | 56,00 € | |
| Prestaciones e indemnizaciones de la Seguridad Social | | | |
| Indemnizaciones por traslados, suspensiones o despidos. | | | |
| Otras percepciones no salariales | | | |
| **A. TOTAL DEVENGADO** | | | **1.902,00 €** |

| **II. DEDUCCIONES** | | | |
|---|---|---|---|
| **1. Aportaciones del trabajador a las cotizaciones a la S.S y conceptos de recaudación conjunta** | | | |
| | Tipo | | |
| Contingencias comunes | 4,70% | 100,97 € | |
| M.E. Intergeneracional | 0,12% | 2,58 € | |
| Desempleo | 1,55% | 33,30 € | |
| Formación Profesional | 0,10% | 2,15 € | |
| Horas extraordinarias normales | 4,70% | | |
| Horas extraordinarias de fuerza mayor | 2,00% | | |
| **TOTAL APORTACIONES** | | | **138,99 €** |
| 2. IRPF | 11,25% | 209,88 € | |
| 3. Anticipos | | 450,00 € | |
| 4. Valor de los productos recibidos en especie | | | |
| 5. Otras deducciones | | | |
| **B. TOTAL A DEDUCIR** | | **798,87 €** | |
| **LIQUIDO TOTAL A PERCIBIR (A-B)** | | | **1.103,13 €** |

Firma y sello de la empresa | Fecha | Recibí

**DETERMINACIÓN DE LAS BASES DE COTIZACIÓN A LA SEGURIDAD SOCIAL Y CONCEPTOS DE RECAUDACIÓN CONJUNTA Y DE LA BASE SUJETA A RETENCIÓN DEL I.R.P.F. Y APORTACIÓN DE LA EMPRESA**

| | | Base | Tipo | Aportación Empresa |
|---|---|---|---|---|
| 1. Base de cotización por contingencias comunes | | | | |
| Remuneración mensual | 1.865,60 € | | | |
| Prorrata pagas extras | 282,67 € | | | |
| **TOTAL** | 2.148,27 € | | 23,60% | 506,99 € |
| | | | | 0,00 € |
| 2. Base de Contingencias Profesionales y otros conceptos de recaudación conjunta | AT y EP | 2.148,27 € | 1,50% | 32,22 € |
| | Desempleo | | 5,50% | 118,15 € |
| | FP | | 0,60% | 12,89 € |
| | FOGASA | | 0,20% | 4,30 € |
| 3. Cotización por horas extras | | **0,00 €** | 23,60% | 0,00 € |
| 4. Cotización por horas extras fuerza mayor | | **0,00 €** | 12,00% | 0,00 € |
| 5. Mecanismo de Equidad Intergeneracional | | 2.148,27 € | 0,58% | 12,46 € |
| 6. Base sujeta a retención del IRPF | | 1.865,60 € | **Total** | **687,02 €** |

# Ejercicio resuelto 4.4: Nómina con paga extra, complementos y anticipo

María Pérez Domínguez trabaja en la empresa Academia la Pipiola, S. L. desde hace 7 años y 1 mes con un contrato indefinido. Los datos de la empresa son:

- Número de identificación fiscal: B37560032
- Domicilio en Paseo César Real de la Riva, nº 35, Salamanca, C. P. 37012
- Código de cuenta de cotización: 370123456789

La empresa se dedica a prestar servicios educativos, por lo que su CNAE es: 8559 y su cotización por IT e IMS será respectivamente de 0,8 % y 0,7 %, lo que suma un total de 1,50 %.

Por su parte, los datos del empleado son:

- Nombre y apellidos: María Pérez Domínguez
- Fecha de nacimiento: 05/09/1985
- NIF: 71035349Q
- Nº de afiliación: 375555012340
- Grupo profesional: (III) Administrativo --> Según convenio
- Grupo de cotización: (5) Oficiales administrativos

Las retribuciones que la empresa le abona son las siguientes:

- Salario base: 1.300 €/mes
- Antigüedad: 100 € por trienio
- Plus disponibilidad: 150 €/mes
- Este mes María ha utilizado su coche para asistir a dos reuniones de trabajo fuera de su ciudad. En total ha recorrido 250 km y la empresa paga el kilometraje a 0,38 €/km recorrido. Además, tiene derecho a recibir dos pagas extraordinarias de devengo semestral de cuantía igual al salario base + antigüedad: una en junio y otra en diciembre. El día 16 de junio el trabajador solicita un anticipo de 100 € y la empresa se lo abona el día 20 de ese mismo mes.

Cumplimenta el recibo de salarios del mes de junio teniendo en cuenta que según su situación personal y familiar le corresponde una retención por IRPF del 13 %.

*Para la elaboración de los recibos de salario hay que tener en cuenta que cuando los trabajadores perciben una paga extra esta puede documentarse de dos formas: por un lado, puede hacerse incluyendo lo recibido en concepto de paga extra dentro de la nómina del mes en que se cobra (en este caso junio) y, por otro, realizando un documento*

*en el que únicamente se incluya la paga, de tal forma que por un lado se realizaría una nómina idéntica a la de los meses anteriores y, por otro, un recibo de salarios en el que apareciera solo la paga extra.*

a) Elabora la nómina de la trabajadora incluyendo la paga extra en el recibo de salario del mes de junio.

b) Elabora la nómina de la trabajadora generando un documento aparte en el que únicamente aparezca la paga extra.

**Solución:**

Los primeros pasos, independientemente del modo elegido para elaborar la nómina con paga extra, se realizan siguiendo las directrices de los ejercicios anteriores, por lo que pueden resumirse en:

| Conceptos | Devengado | Excluido | Incluido |
|---|---|---|---|
| Salario base | 1.300,00 € | | |
| Antigüedad | 200,00 € | | |
| Disponibilidad | 150,00 € | | |
| Kilometraje | 95,00 € | 65,00 € | 30,00 € |
| Prorrata pagas extraordinarias | 250,00 € | | |

Además, este mes se cobra una de las pagas, compuesta de salario base más antigüedad:

- Gratificación extraordinaria = 1.300 + 200 = 1.500 €

Finalmente, se calculan las bases de cotización (ojo, en la Seguridad Social no se mete la gratificación extraordinaria porque ya se incluye la prorrata. Sin embargo, en el IRPF sí, puesto que solo se incluye cuando forma parte del total devengado).

| Bases | Importes |
|---|---|
| 1-BCCC | 1.930,00 € (está entre las bases mínima y máxima) |
| 2-BCHE | – € |
| 3-BCCP | 1.930,00 € (está entre las bases mínima y máxima) |
| 4-BRIRPF | 3.180,00 € (en la opción a, aparecerá esta base y en la b se dividirá, siendo en la primera nómina la BRIRPF = 1.680 € y en la segunda a 1.500 € |

## RESOLUCIÓN OPCIÓN A)

**Modelo de nómina**

| | | | |
|---|---|---|---|
| **Empresa** | Academia la Pipiola, S.L. | **Trabajador** | María Pérez Domínguez |
| **Domicilio** | Paseo César Real de la Riva, nº 35 | **NIF** | 58636571W |
| **CIF** | B37560032 | **Número S.S.** | 375555012340 |
| **CCC** | 370123456789 | **Grupo profesional** | (III) Administrativo |
| | | **Grupo de cotización** | (5) Oficiales administrativos |

| Periodo liquidación | Del 1 al 30 de junio de 2024 | Nº días | 30 |
|---|---|---|---|

| **I. DEVENGOS** | | | **TOTALES** |
|---|---|---|---|
| 1. Percepciones salariales | | | |
| Salario base | | 1.300,00 € | |
| Complementos salariales: | | | |
| Antigüedad | | 200,00 € | |
| Disponibilidad | | 150,00 € | |
| Horas extraordinarias | | | |
| Horas complementarias | | | |
| Gratificaciones extraordinarias | | 1.500,00 € | |
| Salario en especie | | | |
| 2. Percepciones no salariales | | | |
| Indemnizaciones o Suplidos | | | |
| Kilometraje (250*0,38) | | 95,00 € | |
| Prestaciones e indemnizaciones de la Seguridad Social | | | |
| Indemnizaciones por traslados, suspensiones o despidos. | | | |
| Otras percepciones no salariales | | | |
| **A. TOTAL DEVENGADO** | | | **3.245,00 €** |

| **II. DEDUCCIONES** | | | |
|---|---|---|---|
| **1. Aportaciones del trabajador a las cotizaciones a la S.S y conceptos de recaudación conjunta** | | | |
| | Tipo | | |
| Contingencias comunes | 4,70% | 90,71 € | |
| M.E. Intergeneracional | 0,12% | 2,32 € | |
| Desempleo | 1,55% | 29,92 € | |
| Formación Profesional | 0,10% | 1,93 € | |
| Horas extraordinarias normales | 4,70% | | |
| Horas extraordinarias de fuerza mayor | 2,00% | | |
| **TOTAL APORTACIONES** | | | **124,87 €** |
| 2. IRPF | 13,00% | 413,40 € | |
| 3. Anticipos | | 100,00 € | |
| 4. Valor de los productos recibidos en especie | | | |
| 5. Otras deducciones | | | |
| **B. TOTAL A DEDUCIR** | | **638,27 €** | |
| **LIQUIDO TOTAL A PERCIBIR (A-B)** | | | **2.606,73 €** |
| Firma y sello de la empresa | | Fecha | Recibí |

**DETERMINACIÓN DE LAS BASES DE COTIZACIÓN A LA SEGURIDAD SOCIAL Y CONCEPTOS DE RECAUDACIÓN CONJUNTA Y DE LA BASE SUJETA A RETENCIÓN DEL I.R.P.F. Y APORTACIÓN DE LA EMPRESA**

| | | Base | Tipo | Aportación Empresa |
|---|---|---|---|---|
| 1. Base de cotización por contingencias comunes | | | | |
| Remuneración mensual | 1.680,00 € | | | |
| Prorrata pagas extras | 250,00 € | | | |
| **TOTAL** | 1.930,00 € | | 23,60% | 455,48 € |
| | | | | 0,00 € |
| 2. Base de Contingencias Profesionales y otros conceptos de recaudación conjunta | AT y EP | 1.930,00 € | 1,50% | 28,95 € |
| | Desempleo | | 5,50% | 106,15 € |
| | FP | | 0,60% | 11,58 € |
| | FOGASA | | 0,20% | 3,86 € |
| 3. Cotización por horas extras | | 0,00 € | 23,60% | 0,00 € |
| 4. Cotización por horas extras fuerza mayor | | 0,00 € | 12,00% | 0,00 € |
| 5. Mecanismo de Equidad Intergeneracional | | 1.930,00 € | 0,58% | 11,19 € |
| 6. Base sujeta a retención del IRPF | | 3.180,00 € | **Total** | **617,21 €** |

## RESOLUCIÓN OPCIÓN B.1)

**Modelo de nómina**

| | | | |
|---|---|---|---|
| **Empresa** | Academia la Pipiola, S.L. | **Trabajador** | María Pérez Domínguez |
| **Domicilio** | Paseo César Real de la Riva, nº 35 | **NIF** | 58636571W |
| **CIF** | B37560032 | **Número S.S.** | 375555012340 |
| **CCC** | 370123456789 | **Grupo profesional** | (III) Administrativo |
| | | **Grupo de cotización** | (5) Oficiales administrativos |

| Periodo liquidación | Del 1 al 30 de junio de 2024 | Nº días | 30 |
|---|---|---|---|

| | | | |
|---|---|---|---|
| **I. DEVENGOS** | | | **TOTALES** |
| 1. Percepciones salariales | | | |
| Salario base | | 1.300,00 € | |
| Complementos salariales: | | | |
| Antigüedad | | 200,00 € | |
| Disponibilidad | | 150,00 € | |
| Horas extraordinarias | | | |
| Horas complementarias | | | |
| Gratificaciones extraordinarias | | | |
| Salario en especie | | | |
| 2. Percepciones no salariales | | | |
| Indemnizaciones o Suplidos | | | |
| Kilometraje (250*0,38) | | 95,00 € | |
| Prestaciones e indemnizaciones de la Seguridad Social | | | |
| Indemnizaciones por traslados, suspensiones o despidos. | | | |
| Otras percepciones no salariales | | | |
| **A. TOTAL DEVENGADO** | | | **1.745,00 €** |

**II. DEDUCCIONES**

**1. Aportaciones del trabajador a las cotizaciones a la S.S y conceptos de recaudación conjunta**

| | Tipo | | |
|---|---|---|---|
| Contingencias comunes | 4,70% | 90,71 € | |
| M.E. Intergeneracional | 0,12% | 2,32 € | |
| Desempleo | 1,55% | 29,92 € | |
| Formación Profesional | 0,10% | 1,93 € | |
| Horas extraordinarias normales | 4,70% | | |
| Horas extraordinarias de fuerza mayor | 2,00% | | |
| **TOTAL APORTACIONES** | | | **124,87 €** |
| 2. IRPF | 13,00% | 218,40 € | |
| 3. Anticipos | | 100,00 € | |
| 4. Valor de los productos recibidos en especie | | | |
| 5. Otras deducciones | | | |
| **B. TOTAL A DEDUCIR** | | **443,27 €** | |
| **LIQUIDO TOTAL A PERCIBIR (A-B)** | | | **1.301,73 €** |
| Firma y sello de la empresa | | Fecha | Recibí |

**DETERMINACIÓN DE LAS BASES DE COTIZACIÓN A LA SEGURIDAD SOCIAL Y CONCEPTOS DE RECAUDACIÓN CONJUNTA Y DE LA BASE SUJETA A RETENCIÓN DEL I.R.P.F. Y APORTACIÓN DE LA EMPRESA**

| | | | Tipo | Aportación Empresa |
|---|---|---|---|---|
| 1. Base de cotización por contingencias comunes | | | | |
| Remuneración mensual | 1.680,00 € | | | |
| Prorrata pagas extras | 250,00 € | | | |
| **TOTAL** | 1.930,00 € | | 23,60% | 455,48 € |
| | | Base | | 0,00 € |
| | AT y EP | | 1,50% | 28,95 € |
| | Desempleo | | 5,50% | 106,15 € |
| 2. Base de Contingencias Profesionales y otros conceptos de recaudación conjunta | FP | 1.930,00 € | 0,60% | 11,58 € |
| | FOGASA | | 0,20% | 3,86 € |
| 3. Cotización por horas extras | | 0,00 € | 23,60% | 0,00 € |
| 4. Cotización por horas extras fuerza mayor | | 0,00 € | 12,00% | 0,00 € |
| 5. Mecanismo de Equidad Intergeneracional | | 1.930,00 € | 0,58% | 11,19 € |
| 6. Base sujeta a retención del IRPF | | 1.680,00 € | **Total** | **617,21 €** |

## RESOLUCIÓN OPCIÓN B.2)

**Modelo de nómina**

| | | | |
|---|---|---|---|
| **Empresa** | Academia la Pipiola, S.L. | **Trabajador** | María Pérez Domínguez |
| **Domicilio** | Paseo César Real de la Riva, nº 35 | **NIF** | 58636571W |
| **CIF** | B37560032 | **Número S.S.** | 375555012340 |
| **CCC** | 370123456789 | **Grupo profesional** | (III) Administrativo |
| | | **Grupo de cotización** | (5) Oficiales administrativos |

| Periodo liquidación | Del 1 de enero al 30 de junio de 2024 | Nº días | 180 |
|---|---|---|---|

**I. DEVENGOS** — **TOTALES**

1. Perc...

Salario...

Compl...

Antigü...

Dispo...

Horas ...

> Como puede apreciarse, en esta nómina no hay ningún tipo de cotización. Esto es así porque todos los meses se cotiza lo mismo, independientemente de si se cobra o no paga extraordinaria (por eso se mete la prorrata de las pagas en todas las nóminas, aunque no se cobre).

| | |
|---|---|
| Horas complementarias | |
| Gratificaciones extraordinarias | 1.500,00 € |
| Salario en especie | |

2. Percepciones no salariales

Indemn...

Presta...

Indemn...

> Por otra parte, cabe mencionar que independientemente de cómo se haga la nómina el trabajador finalmente cobrará la misma cantidad. Si se suma el líquido a percibir de las nóminas de la opción de resolución B)1 y B)2, el resultado debería ser el mismo que el de la nómina de la opción A

Otras percepciones no salariales

**A. TOTAL DEVENGADO** — **1.500,00 €**

**II. DEDUCCIONES**

**1. Aportaciones del trabajador a las cotizaciones a la S.S y conceptos de recaudación conjunta**

| | Tipo | | |
|---|---|---|---|
| Contingencias comunes | 4,70% | | |
| M.E. Intergeneracional | 0,12% | | |
| Desempleo | 1,55% | | |
| Formación Profesional | 0,10% | | |
| Horas extraordinarias normales | 4,70% | | |
| Horas extraordinarias de fuerza mayor | 2,00% | | |
| **TOTAL APORTACIONES** | | | **0,00 €** |
| 2. IRPF | 13,00% | 195,00 € | |
| 3. Anticipos | | | |
| 4. Valor de los productos recibidos en especie | | | |
| 5. Otras deducciones | | | |
| **B. TOTAL A DEDUCIR** | | **195,00 €** | |
| **LIQUIDO TOTAL A PERCIBIR (A-B)** | | | **1.305,00 €** |

Firma y sello de la empresa — Fecha — Recibí

**DETERMINACIÓN DE LAS BASES DE COTIZACIÓN A LA SEGURIDAD SOCIAL Y CONCEPTOS DE RECAUDACIÓN CONJUNTA Y DE LA BASE SUJETA A RETENCIÓN DEL I.R.P.F. Y APORTACIÓN DE LA EMPRESA**

| | | Base | Tipo | Aportación Empresa |
|---|---|---|---|---|
| 1. Base de cotización por contingencias comunes | | | | |
| Remuneración mensual | | | | |
| Prorrata pagas extras | | | | |
| **TOTAL** | | | 23,60% | 0,00 € |
| | | | | 0,00 € |
| 2. Base de Contingencias Profesionales y otros conceptos de recaudación conjunta | AT y EP | | 1,50% | 0,00 € |
| | Desempleo | | 5,50% | 0,00 € |
| | FP | | 0,60% | 0,00 € |
| | FOGASA | | 0,20% | 0,00 € |
| 3. Cotización por horas extras | | 0,00 € | 23,60% | 0,00 € |
| 4. Cotización por horas extras fuerza mayor | | 0,00 € | 12,00% | 0,00 € |
| 5. Mecanismo de Equidad Intergeneracional | | | 0,58% | 0,00 € |
| 6. Base sujeta a retención del IRPF | | 1.500,00 € | **Total** | **0,00 €** |

# Ejercicio resuelto 4.5: Nómina con pagas extras prorrateadas, complementos y anticipo

María Pérez Domínguez trabaja en la empresa Academia la Pipiola, S. L. desde hace 7 años y 1 mes con un contrato indefinido. Los datos de la empresa son:

- Número de identificación fiscal: B37560032
- Domicilio en Paseo César Real de la Riva, nº 35, Salamanca, C. P. 37012
- Código de cuenta de cotización: 370123456789

La empresa se dedica a prestar servicios educativos, por lo que su CNAE es: 8559 y su cotización por IT e IMS será respectivamente de 0,8 % y 0,7 %, lo que suma un total de 1,50 %.

Por su parte, los datos de la empleada son:

- Fecha de nacimiento: 05/09/1985
- NIF: 71035349Q
- Nº de afiliación: 375555012340
- Grupo profesional: (III) Administrativo --> Según convenio
- Grupo de cotización: (5) Oficiales administrativos

Las retribuciones que la empresa le abona son las siguientes:

- Salario base: 1.300 €/mes
- Antigüedad: 100 € por trienio
- Plus disponibilidad: 150 €/mes
- Este mes María ha utilizado su coche para asistir a dos reuniones de trabajo fuera de su ciudad. En total ha recorrido 250 km y la empresa paga el kilometraje a 0,38 €/km recorrido. Además, tiene derecho a recibir dos pagas extraordinarias de devengo anual de cuantía igual al salario base más antigüedad: las cobra prorrateadas.
- El día 16 de junio María solicita un anticipo de 100 € y la empresa se lo abona el día 18 de ese mismo mes.

Cumplimenta el recibo de salarios del mes de junio teniendo en cuenta que según su situación personal y familiar le corresponde una retención por IRPF del 13 %.

Primero se calculan los devengos:

| Conceptos | Devengado | Excluido | Incluido |
|---|---|---|---|
| Salario base | 1.300,00 € | | |
| Antigüedad | 200,00 € | | |
| Disponibilidad | 150,00 € | | |
| Kilometraje | 95,00 € | 65,00 € | 30,00 € |
| Prorrata pagas extraordinarias | 250,00 € | | |

Además, hay que tener en cuenta que la trabajadora cobra mensualmente la prorrata de las pagas extraordinarias:

- Gratificación extraordinaria = 250,00 €

| Bases | Importes |
|---|---|
| 1-BCCC | 1.930,00 € |
| 2-BCHE | - € |
| 3-BCCP | 1.930,00 € |
| 4-BRIRPF | 1.930,00 € |

*El ejercicio planteado parte de los mismos datos que el supuesto anterior, por lo que pueden utilizarse los cálculos anteriores. Lo único que cambia es que esta trabajadora cobra la paga prorrateada durante todos los meses del año y en el supuesto anterior lo hacía solo en junio y diciembre. De todos modos, a efectos prácticos, al cabo de un año la trabajadora habrá percibido el mismo dinero independientemente de que las pagas se paguen prorrateadas o se acumulen y se cobren en los meses señalados.*

| | | | |
|---|---|---|---|
| **Empresa** | Academia la Pipiola, S.L. | **Trabajador** | María Pérez Domínguez |
| **Domicilio** | Paseo César Real de la Riva, nº 35 | **NIF** | 58636571W |
| **CIF** | B37560032 | **Número S.S.** | 375555012340 |
| **CCC** | 370123456789 | **Grupo profesional** | (III) Administrativo |
| | | **Grupo de cotización** | (5) Oficiales administrativos |

| Periodo liquidación | Del 1 al 30 de junio de 2024 | Nº días | 30 |
|---|---|---|---|

| **I. DEVENGOS** | | **TOTALES** |
|---|---|---|
| 1. Percepciones salariales | | |
| Salario base | 1.300,00 € | |
| Complementos salariales: | | |
| Antigüedad | 200,00 € | |
| Disponibilidad | 150,00 € | |
| | | |
| Horas extraordinarias | | |
| Horas complementarias | | |
| Gratificaciones extraordinarias | 250,00 € | |
| Salario en especie | | |
| 2. Percepciones no salariales | | |
| Indemnizaciones o Suplidos | | |
| Kilometraje (250*0,38) | 95,00 € | |
| | | |
| Prestaciones e indemnizaciones de la Seguridad Social | | |
| Indemnizaciones por traslados, suspensiones o despidos. | | |
| Otras percepciones no salariales | | |
| | | |
| **A. TOTAL DEVENGADO** | | **1.995,00 €** |

**II. DEDUCCIONES**

**1. Aportaciones del trabajador a las cotizaciones a la S.S y conceptos de recaudación conjunta**

| | Tipo | | |
|---|---|---|---|
| Contingencias comunes | 4,70% | 90,71 € | |
| M.E. Intergeneracional | 0,12% | 2,32 € | |
| Desempleo | 1,55% | 29,92 € | |
| Formación Profesional | 0,10% | 1,93 € | |
| Horas extraordinarias normales | 4,70% | | |
| Horas extraordinarias de fuerza mayor | 2,00% | | |
| **TOTAL APORTACIONES** | | | **124,87 €** |
| 2. IRPF | 13,00% | 250,90 € | |
| 3. Anticipos | | 100,00 € | |
| 4. Valor de los productos recibidos en especie | | | |
| 5. Otras deducciones | | | |
| **B. TOTAL A DEDUCIR** | | **375,77 €** | |
| **LIQUIDO TOTAL A PERCIBIR (A-B)** | | | **1.619,23 €** |

Firma y sello de la empresa — Fecha — Recibí

**DETERMINACIÓN DE LAS BASES DE COTIZACIÓN A LA SEGURIDAD SOCIAL Y CONCEPTOS DE RECAUDACIÓN CONJUNTA Y DE LA BASE SUJETA A RETENCIÓN DEL I.R.P.F. Y APORTACIÓN DE LA EMPRESA**

| | | Base | Tipo | Aportación Empresa |
|---|---|---|---|---|
| 1. Base de cotización por contingencias comunes | | | | |
| Remuneración mensual | 1.680,00 € | | | |
| Prorrata pagas extras | 250,00 € | | | |
| **TOTAL** | 1.930,00 € | | 23,60% | 455,48 € |
| | | | | 0,00 € |
| 2. Base de Contingencias Profesionales y otros conceptos de recaudación conjunta | AT y EP | 1.930,00 € | 1,50% | 28,95 € |
| | Desempleo | | 5,50% | 106,15 € |
| | FP | | 0,60% | 11,58 € |
| | FOGASA | | 0,20% | 3,86 € |
| 3. Cotización por horas extras | | 0,00 € | 23,60% | 0,00 € |
| 4. Cotización por horas extras fuerza mayor | | 0,00 € | 12,00% | 0,00 € |
| 5. Mecanismo de Equidad Intergeneracional | | 1.930,00 € | 0,58% | 11,19 € |
| 6. Base sujeta a retención del IRPF | | 1.930,00 € | **Total** | **617,21 €** |

# Ejercicio resuelto 4.6: Nómina mensual con horas extras y contrato de duración determinada

Teresa Pérez Domínguez trabaja en la empresa Academia la Pipiola, S. L. desde hace 2 meses con un contrato de duración determinada. Los datos de la empresa son:

- Número de identificación fiscal: B37560032
- Domicilio en Paseo César Real de la Riva, nº 35, Salamanca, C. P. 37012
- Código de cuenta de cotización: 370123456789

La empresa se dedica a prestar servicios educativos, por lo que su CNAE es: 8559 y su cotización por IT e IMS será respectivamente de 0,8 % y 0,7 %, lo que suma un total de 1,50 %.

Por su parte, los datos de la empleada son:

- Fecha de nacimiento: 05/09/1995
- NIF: 71035349W
- Nº de afiliación: 375555012340
- Grupo profesional: (III) Administrativo --> Según convenio
- Grupo de cotización: (5) Oficiales administrativos

Las retribuciones que la empresa le abona son las siguientes:

- Salario base: 1.300 €/mes
- Plus turnicidad: 190 €/mes
- La trabajadora ha realizado a lo largo del mes 5 horas extras por causa de fuerza mayor y 10 horas extras estructurales, que la empresa le abona a 20 €/hora.
- Este mes Teresa ha utilizado su coche para asistir a dos reuniones de trabajo fuera de su ciudad. En total ha recorrido 450 km y la empresa paga el kilometraje a 0,38 €/km recorrido. Además, tiene derecho a recibir dos pagas extraordinarias de devengo anual de cuantía igual al salario base: una en junio y otra en diciembre. El día 16 de febrero la trabajadora solicita un anticipo de 100 € y la empresa se lo abona el día 20 de ese mismo mes.

Cumplimenta el recibo de salarios del mes de febrero teniendo en cuenta que según su situación personal y familiar le corresponde una retención por IRPF del 11 %.

**1.º Anotar y calcular los devengos (y la prorrata de las pagas extraordinarias):**

| Conceptos | Devengado | Excluido | Incluido |
|---|---|---|---|
| Salario base | 1.300,00 € | | |
| Turnicidad | 190,00 € | | |
| Horas extras estructurales | 200,00 € | | |
| Horas extras de fuerza mayor | 100,00 € | | |
| Kilometraje | 171,00 € | 117,00 € | 54,00 € |
| Prorrata pagas extraordinarias | 216,67 € | | |

**2.º Calcular las bases de cotización a la Seguridad Social**

| Bases | Importes |
|---|---|
| 1-BCCC | 1.760,67 € (está entre la base mínima y la máxima) |
| 2-BCHE | BCHEFM (fuerza mayor): 100,00 € |
| | BCRHE (resto de horas extras): 200,00 € |
| 3-BCCP | 2.060,67 € (está entre la base mínima y la máxima) |
| 4-BRIRPF | 1.844,00 € |

En esta nómina resulta esencial recordar que la base de cotización por contingencias profesionales se calcula sumando a la base de cotización por contingencias comunes calculada (nunca a la base mínima o máxima si las supera) el total de las horas extraordinarias.

Ahora que ya está disponible toda la información que se necesita, solo falta pasar los datos al recibo de salarios y hacer los cálculos oportunos para completar la nómina:

| | | | |
|---|---|---|---|
| **Empresa** | Academia la Pipiola, S.L. | **Trabajador** | Teresa Pérez Domínguez |
| **Domicilio** | Paseo César Real de la Riva, nº 35 | **NIF** | 71035349W |
| **CIF** | B37560032 | **Número S.S.** | 375555012340 |
| **CCC** | 370123456789 | **Grupo profesional** | Administrativo |
| | | **Grupo de cotización** | (5) Oficiales administrativos |

| Periodo liquidación | Del 1 al 28 de febrero de 20xx | Nº días | 30 |
|---|---|---|---|

| **I. DEVENGOS** | | **TOTALES** |
|---|---|---|
| 1. Percepciones salariales | | |
| Salario base | 1.300,00 € | |
| Complementos salariales: | | |
| Turnicidad | 190,00 € | |
| | | |
| Horas extraordinarias de fuerza mayor | 100,00 € | |
| Horas extraordinarias estructurales | 200,00 € | |
| Horas complementarias | | |
| Gratificaciones extraordinarias | | |
| Salario en especie | | |
| 2. Percepciones no salariales | | |
| Indemnizaciones o Suplidos | | |
| Kilometraje (450*0,38) | 171,00 € | |
| | | |
| Prestaciones e indemnizaciones de la Seguridad Social | | |
| Indemnizaciones por traslados, suspensiones o despidos. | | |
| Otras percepciones no salariales | | |
| | | |
| **A. TOTAL DEVENGADO** | | **1.961,00 €** |

**II. DEDUCCIONES**

**1. Aportaciones del trabajador a las cotizaciones a la S.S y conceptos de recaudación conjunta**

| | Tipo | | |
|---|---|---|---|
| Contingencias comunes | 4,70% | 82,75 € | |
| M.E. Intergeneracional | 0,12% | 2,11 € | |
| Desempleo | 1,60% | 32,97 € | |
| Formación Profesional | 0,10% | 2,06 € | |
| Horas extraordinarias normales | 4,70% | 9,40 € | |
| Horas extraordinarias de fuerza mayor | 2,00% | 2,00 € | |
| **TOTAL APORTACIONES** | | | **131,30 €** |
| 2. IRPF | 11,00% | 202,84 € | |
| 3. Anticipos | | 100,00 € | |
| 4. Valor de los productos recibidos en especie | | | |
| 5. Otras deducciones | | | |
| **B. TOTAL A DEDUCIR** | | **434,14 €** | |
| **LIQUIDO TOTAL A PERCIBIR (A-B)** | | | **1.526,86 €** |

Firma y sello de la empresa — Fecha — Recibí

**DETERMINACIÓN DE LAS BASES DE COTIZACIÓN A LA SEGURIDAD SOCIAL Y CONCEPTOS DE RECAUDACIÓN CONJUNTA Y DE LA BASE SUJETA A RETENCIÓN DEL I.R.P.F. Y APORTACIÓN DE LA EMPRESA**

| | | Base | Tipo | Aportación Empresa |
|---|---|---|---|---|
| 1. Base de cotización por contingencias comunes | | | | |
| Remuneración mensual | 1.544,00 € | | | |
| Prorrata pagas extras | 216,67 € | | | |
| **TOTAL** | 1.760,67 € | | 23,60% | 415,52 € |
| 2. Base de Contingencias Profesionales y otros conceptos de recaudación conjunta | AT y EP | | 1,50% | 30,91 € |
| | Desempleo | 2.060,67 € | 6,70% | 138,06 € |
| | FP | | 0,60% | 12,36 € |
| | FOGASA | | 0,20% | 4,12 € |
| 3. Cotización por horas extras | | 200,00 € | 23,60% | 47,20 € |
| 4. Cotización por horas extras fuerza mayor | | 100,00 € | 12,00% | 12,00 € |
| 5. Mecanismo de Equidad Intergeneracional | | | 0,58% | 10,21 € |
| 6. Base sujeta a retención del IRPF | | 1.844,00 € | **Total** | **670,39 €** |

## Ejercicio resuelto 4.7: Nómina con retribución que supera la base máxima de cotización

Ignacio Zubizarreta Hernández trabaja en la empresa Academia la Pipiola, S. L. desde hace 2 meses con un contrato de duración determinada. Los datos de la empresa son:

- Número de identificación fiscal: B37560032
- Domicilio en Paseo César Real de la Riva, nº 35, Salamanca, C. P. 37012
- Código de cuenta de cotización: 370123456789

La empresa se dedica a prestar servicios educativos, por lo que su CNAE es: 8559 y su cotización por IT e IMS será respectivamente de 0,8 % y 0,7 %, lo que suma un total de 1,50 %.

Por su parte, los datos del empleado son:

- Nombre y apellidos: Ignacio Zubizarreta Hernández
- Fecha de nacimiento: 05/09/1992
- NIF: 89653785J
- Nº de afiliación: 375555012340
- Grupo profesional: (I) Ingeniero --> Según convenio
- Grupo de cotización: (1) Ingenieros y Licenciados

Las retribuciones que la empresa le abona son las siguientes:

- Salario base: 4.900 €/mes
- Plus disponibilidad: 190 €/mes
- Además, tiene derecho a recibir dos pagas extraordinarias de devengo anual de cuantía igual al salario base: una en junio y otra en diciembre.

Cumplimenta el recibo de salarios del mes de febrero teniendo en cuenta que según su situación personal y familiar le corresponde una retención por IRPF del 28 %.

### 1.º Anotar y calcular los devengos (y la prorrata de las pagas extraordinarias):

| Conceptos | Devengado | Excluido | Incluido |
|---|---|---|---|
| Salario base | 4.900,00 € | – | – |
| Disponibilidad | 190,00 € | – | – |
| Prorrata pagas extraordinarias | 816,67 € | – | – |

### 2.º Calcular las bases de cotización a la Seguridad Social

| Bases | Importes |
|---|---|
| 1-BCCC | La base calculada sería 5.906,67 €, por lo que supera la base máxima de 4.720,50 € establecida para el grupo de cotización del trabajador. Por tanto, la BCCC que se aplicará en la nómina será 4.720,50 €. |
| 2-BCHE | - € |
| 3-BCCP | En este caso también supera la base máxima por AT y EP, por lo que la BCCP = 4.720,50 € |
| 4-BRIRPF | 5.090,00 € |

Ahora que ya está disponible toda la información que se necesita, solo falta pasar los datos al recibo de salarios y hacer los cálculos oportunos para completar la nómina, véase página 89.

## Ejercicio resuelto 4.8: Nómina de trabajador con jornada parcial

Leticia Pérez Sardinero trabaja en la empresa Academia la Pipiola, S. L. desde hace 7 años y 1 mes con un contrato indefinido a media jornada (50 % de la jornada). Los datos de la empresa son:

- Número de identificación fiscal: B37560032
- Domicilio en Paseo César Real de la Riva, nº 35, Salamanca, C. P. 37012
- Código de cuenta de cotización: 370123456789

La empresa se dedica a prestar servicios educativos, por lo que su CNAE es: 8559 y su cotización por IT e IMS será respectivamente de 0,8 % y 0,7 %, lo que suma un total de 1,50 %.

Por su parte, los datos de la empleada son:

- Nombre y apellidos: Leticia Pérez Sardinero
- Fecha de nacimiento: 08/08/1998
- NIF: 71035349Q
- Nº de afiliación: 375555012340
- Grupo profesional: (III) Administrativa → Según convenio
- Grupo de cotización: (5) Oficiales administrativos

| | | | |
|---|---|---|---|
| **Empresa** | Academia la Pipiola, S.L. | **Trabajador** | Ignacio Zubizarreta Hernández |
| **Domicilio** | Paseo César Real de la Riva, nº 35 | **NIF** | 89653785J |
| **CIF** | B37560032 | **Número S.S.** | 375555012340 |
| **CCC** | 370123456789 | **Grupo profesional** | Ingeniero |
| | | **Grupo de cotización** | (1) Ingenieros y Licenciados |

| Periodo liquidación | Del 1 al 28 de febrero de 20xx | Nº días | 30 |
|---|---|---|---|

| | | | **TOTALES** |
|---|---|---|---|
| **I. DEVENGOS** | | | |
| 1. Percepciones salariales | | | |
| Salario base | | 4.900,00 € | |
| Complementos salariales: | | | |
| Disponibilidad | | 190,00 € | |
| Horas extraordinarias de fuerza mayor | | | |
| Horas extraordinarias estructurales | | | |
| Horas complementarias | | | |
| Gratificaciones extraordinarias | | | |
| Salario en especie | | | |
| 2. Percepciones no salariales | | | |
| Indemnizaciones o Suplidos | | | |
| Prestaciones e indemnizaciones de la Seguridad Social | | | |
| Indemnizaciones por traslados, suspensiones o despidos. | | | |
| Otras percepciones no salariales | | | |
| **A. TOTAL DEVENGADO** | | | **5.090,00 €** |

**II. DEDUCCIONES**

**1. Aportaciones del trabajador a las cotizaciones a la S.S y conceptos de recaudación conjunta**

| | Tipo | | |
|---|---|---|---|
| Contingencias comunes | 4,70% | 221,86 € | |
| M.E. Intergeneracional | 0,12% | 5,66 € | |
| Desempleo | 1,60% | 75,53 € | |
| Formación Profesional | 0,10% | 4,72 € | |
| Horas extraordinarias normales | 4,70% | 0,00 € | |
| Horas extraordinarias de fuerza mayor | 2,00% | 0,00 € | |
| **TOTAL APORTACIONES** | | | **307,78 €** |
| 2. IRPF | 28,00% | 1.425,20 € | |
| 3. Anticipos | | | |
| 4. Valor de los productos recibidos en especie | | | |
| 5. Otras deducciones | | | |
| **B. TOTAL A DEDUCIR** | | **1.732,98 €** | |
| **LIQUIDO TOTAL A PERCIBIR (A-B)** | | | **3.357,02 €** |

Firma y sello de la empresa — Fecha — Recibí

**DETERMINACIÓN DE LAS BASES DE COTIZACIÓN A LA SEGURIDAD SOCIAL Y CONCEPTOS DE RECAUDACIÓN CONJUNTA Y DE LA BASE SUJETA A RETENCIÓN DEL I.R.P.F. Y APORTACIÓN DE LA EMPRESA**

| | | | Tipo | Aportación Empresa |
|---|---|---|---|---|
| 1. Base de cotización por contingencias comunes | | | | |
| Remuneración mensual | 5.090,00 € | | | |
| Prorrata pagas extras | 816,67 € | | | |
| **TOTAL** | 4.720,50 € | | 23,60% | 1.114,04 € |
| | | Base | | |
| 2. Base de Contingencias Profesionales y otros conceptos de recaudación conjunta | AT y EP | | 1,50% | 70,81 € |
| | Desempleo | 4.720,50 € | 6,70% | 316,27 € |
| | FP | | 0,60% | 28,32 € |
| | FOGASA | | 0,20% | 9,44 € |
| 3. Cotización por horas extras | | 0,00 € | 23,60% | 0,00 € |
| 4. Cotización por horas extras fuerza mayor | | 0,00 € | 12,00% | 0,00 € |
| 5. Mecanismo de Equidad Intergeneracional | | | 0,58% | 27,38 € |
| 6. Base sujeta a retención del IRPF | | 5.090,00 € | **Total** | **1.566,26 €** |

Las retribuciones que le corresponden a un trabajador de su grupo profesional a jornada completa según convenio son:

- Salario base: 1.850 €/mes
- Antigüedad: 100 € por trienio
- Plus disponibilidad: 150 €/mes
- Además, tiene derecho a recibir dos pagas extraordinarias de devengo anual de cuantía igual al salario base + antigüedad: una en junio y otra en diciembre.

Cumplimenta el recibo de salarios del mes de abril sabiendo que ha realizado 88 horas de trabajo efectivo y teniendo en cuenta que debido a su situación personal y familiar le corresponde una retención por IRPF del 5 %.

Lo primero que hay que hacer para calcular este tipo de nóminas es determinar la cuantía que le corresponde recibir al trabajador en función de los diferentes devengos:

| Conceptos | Jornada completa | % jornada | Devengado a jornada parcial |
|---|---|---|---|
| Salario base | 1.850,00 € | 50 % | 925,00 € |
| Antigüedad | 200,00 € | | 100,00 € |
| Disponibilidad | 150,00 € | | 75,00 € |

Después, se calcula la prorrata de las pagas extras teniendo en cuenta la parcialidad de la jornada:

$$\textit{Prorrata pagas} = \frac{(925 + 100) \times 2}{12} = 170{,}83\ €$$

Ahora ya pueden calcularse las bases de cotización y de retención:

| Bases | Importes |
|---|---|
| 1-BCCC | 1.270,83 € (*está entre las bases mínima y máxima) |
| 2-BCHE | – € |
| 3-BCCP | 1.270,83 € (*está entre las bases mínima y máxima) |
| 4-BRIRPF | 1.100,00 € |

Para comprobar si la BCCC está por encima de la base mínima es necesario consultar las tablas para trabajadores a jornada parcial que proporciona la Seguridad Social (para un grupo de cotización 5: 7,97 €/ hora). Finalmente, se multiplican las horas

computables por la cotización mínima y se obtiene la base mínima: 7,97 €/h × 88 h = = 701,36 €. Como está por encima de esa cantidad y por debajo del máximo (4.720,50 €), puede afirmarse que está entre la base mínima y máxima de cotización.

Para determinar la BCCP mínima y máxima se aplican las mismas reglas que para la BCCC, incluyendo, si las hubiera, las horas extraordinarias de fuerza mayor.

Ahora que ya está disponible toda la información que se necesita, solo falta pasar los datos al recibo de salarios y hacer los cálculos oportunos para completar la nómina (se hace igual que con una nómina a jornada completa), véase página 92.

## Ejercicio resuelto 4.9: Nómina con retribución en especie

Reinaldo Martínez Pérez trabaja en la empresa Academia la Pipiola, S. L. desde hace 4 años y 1 mes con un contrato indefinido. Los datos de la empresa son:

- Número de identificación fiscal: B37560032
- Domicilio en Paseo César Real de la Riva, nº 35, Salamanca, C. P. 37012
- Código de cuenta de cotización: 370123456789

La empresa se dedica a prestar servicios educativos, por lo que su CNAE es: 8559. Su cotización por IT e IMS será respectivamente de 0,8 % y 0,7 %, lo que suma un total de 1,50 %.

Por su parte, los datos del empleado son:

- Nombre y apellidos: Reinaldo Martínez Pérez
- Fecha de nacimiento: 05/09/1988
- NIF: 71035349Q
- Nº de afiliación: 375555012340
- Grupo profesional: (III) Administrativo --> Según convenio
- Grupo de cotización: (5) Oficiales administrativos

Las retribuciones que la empresa le abona son las siguientes:

- Salario base: 1.650 €/mes
- Antigüedad: 100 € por trienio
- Plus disponibilidad: 150 €/mes
- La empresa realiza unas aportaciones de 50,00 € mensuales al plan de pensiones del trabajador.

| | | | |
|---|---|---|---|
| **Empresa** | Academia la Pipiola, S.L. | **Trabajador** | Leticia Pérez Sardinero |
| **Domicilio** | Paseo César Real de la Riva, nº 35 | **NIF** | 71035349Q |
| **CIF** | B37560032 | **Número S.S.** | 375555012340 |
| **CCC** | 370123456789 | **Grupo profesional** | Administrativa |
| | | **Grupo de cotización** | (5) Oficiales administrativos |

| Periodo liquidación | Del 1 al 30 de abril de 2024 | Nº días | 30 |
|---|---|---|---|

| **I. DEVENGOS** | | **TOTALES** |
|---|---|---|
| 1. Percepciones salariales | | |
| Salario base | 925,00 € | |
| Complementos salariales: | | |
| Antigüedad | 100,00 € | |
| Disponibilidad | 75,00 € | |
| Horas extraordinarias | | |
| Horas complementarias | | |
| Gratificaciones extraordinarias | | |
| Salario en especie | | |
| 2. Percepciones no salariales | | |
| Indemnizaciones o Suplidos | | |
| Prestaciones e indemnizaciones de la Seguridad Social | | |
| Indemnizaciones por traslados, suspensiones o despidos. | | |
| Otras percepciones no salariales | | |
| **A. TOTAL DEVENGADO** | | **1.100,00 €** |

**II. DEDUCCIONES**

**1. Aportaciones del trabajador a las cotizaciones a la S.S y conceptos de recaudación conjunta**

| | Tipo | | |
|---|---|---|---|
| Contingencias comunes | 4,70% | 59,73 € | |
| M.E. Intergeneracional | 0,12% | 1,52 € | |
| Desempleo | 1,55% | 19,70 € | |
| Formación Profesional | 0,10% | 1,27 € | |
| Horas extraordinarias normales | 4,70% | | |
| Horas extraordinarias de fuerza mayor | 2,00% | | |
| **TOTAL APORTACIONES** | | | **82,22 €** |
| 2. IRPF | 5,00% | 55,00 € | |
| 3. Anticipos | | | |
| 4. Valor de los productos recibidos en especie | | | |
| 5. Otras deducciones | | | |
| **B. TOTAL A DEDUCIR** | | **137,22 €** | |
| **LIQUIDO TOTAL A PERCIBIR (A-B)** | | | **962,78 €** |

Firma y sello de la empresa — Fecha — Recibí

**DETERMINACIÓN DE LAS BASES DE COTIZACIÓN A LA SEGURIDAD SOCIAL Y CONCEPTOS DE RECAUDACIÓN CONJUNTA Y DE LA BASE SUJETA A RETENCIÓN DEL I.R.P.F. Y APORTACIÓN DE LA EMPRESA**

| | | | Tipo | Aportación Empresa |
|---|---|---|---|---|
| 1. Base de cotización por contingencias comunes | | | | |
| Remuneración mensual | 1.100,00 € | | | |
| Prorrata pagas extras | 170,83 € | | | |
| **TOTAL** | 1.270,83 € | | 23,60% | 299,92 € |
| | | Base | | 0,00 € |
| 2. Base de Contingencias Profesionales y otros conceptos de recaudación conjunta | AT y EP | 1.270,83 € | 1,50% | 19,06 € |
| | Desempleo | | 5,50% | 69,90 € |
| | FP | | 0,60% | 7,62 € |
| | FOGASA | | 0,20% | 2,54 € |
| 3. Cotización por horas extras | | **0,00 €** | 23,60% | 0,00 € |
| 4. Cotización por horas extras fuerza mayor | | **0,00 €** | 12,00% | 0,00 € |
| 5. Mecanismo de Equidad Intergeneracional | | 1.270,83 € | 0,58% | 7,37 € |
| 6. Base sujeta a retención del IRPF | | 1.100,00 € | **Total** | **406,41 €** |

- Este mes Reinaldo ha utilizado su coche para asistir a dos reuniones de trabajo fuera de su ciudad. En total ha recorrido 140 km y la empresa paga el kilometraje a 0,40 €/km recorrido. Además, tiene derecho a recibir dos pagas extraordinarias de devengo anual de cuantía igual al salario base + antigüedad: una en junio y otra en diciembre.

Cumplimenta el recibo de salarios del mes de abril teniendo en cuenta que según su situación personal y familiar le corresponde una retención por IRPF del 14 %.

### 1.º Anotar y calcular los devengos (y la prorrata de las pagas extraordinarias):

| Conceptos | Devengado | Excluido | Incluido |
|---|---|---|---|
| Salario base | 1.650,00 € | – | – |
| Antigüedad | 100,00 € | – | – |
| Disponibilidad | 150,00 € | – | – |
| Aportaciones al plan de pensiones (retribución en especie) | 50,00 € | – | 50,00 € |
| Kilometraje | 56,00 € | 36,40 € | 19,60 € |
| Prorrata pagas extraordinarias | 291,67 € | | |

### 2.º Calcular las bases de cotización a la Seguridad Social

| Bases | Importes |
|---|---|
| 1-BCCC | 2.261,27 € (está entre la base mínima y la máxima) |
| 2-BCHE | 0,00 € |
| 3-BCCP | 2.261,27 € (está entre la base mínima y la máxima) |
| 4-BRIRPF | 1.969,60 € |

Esta nómina tiene la peculiaridad de que las aportaciones al plan de pensiones aparecerán en los devengos y, posteriormente, en las deducciones.

Ahora que ya está disponible toda la información que se necesita, solo falta pasar los datos al recibo de salarios y hacer los cálculos oportunos para completar la nómina, véase página siguiente:

| | | | |
|---|---|---|---|
| **Empresa** | Academia la Pipiola, S.L. | **Trabajador** | Reinaldo Martínez Pérez |
| **Domicilio** | Paseo César Real de la Riva, nº 35 | **NIF** | 71035349Q |
| **CIF** | B37560032 | **Número S.S.** | 375555012340 |
| **CCC** | 370123456789 | **Grupo profesional** | Administrativo |
| | | **Grupo de cotización** | (5) Oficiales administrativos |

| Periodo liquidación | Del 1 al 30 de abril de 2024 | Nº días | 30 |
|---|---|---|---|

| **I. DEVENGOS** | | | **TOTALES** |
|---|---|---|---|
| 1. Percepciones salariales | | | |
| Salario base | | 1.650,00 € | |
| Complementos salariales: | | | |
| Antigüedad | | 100,00 € | |
| Disponibilidad | | 150,00 € | |
| Horas extraordinarias | | | |
| Horas complementarias | | | |
| Gratificaciones extraordinarias | | | |
| Salario en especie | Aportaciones al plan de pensiones | 50,00 € | |
| 2. Percepciones no salariales | | | |
| Indemnizaciones o Suplidos | | | |
| Kilometraje | (0,40€/Km * 140 Km) | 56,00 € | |
| Prestaciones e indemnizaciones de la Seguridad Social | | | |
| Indemnizaciones por traslados, suspensiones o despidos. | | | |
| Otras percepciones no salariales | | | |
| | **A. TOTAL DEVENGADO** | | **2.006,00 €** |

**II. DEDUCCIONES**

**1. Aportaciones del trabajador a las cotizaciones a la S.S y conceptos de recaudación conjunta**

| | Tipo | | |
|---|---|---|---|
| Contingencias comunes | 4,70% | 106,28 € | |
| M.E. Intergeneracional | 0,12% | 2,71 € | |
| Desempleo | 1,55% | 35,05 € | |
| Formación Profesional | 0,10% | 2,26 € | |
| Horas extraordinarias normales | 4,70% | | |
| Horas extraordinarias de fuerza mayor | 2,00% | | |
| **TOTAL APORTACIONES** | | | **146,30 €** |
| 2. IRPF | 14,00% | 275,74 € | |
| 3. Anticipos | | | |
| 4. Valor de los productos recibidos en especie | | 50,00 € | |
| 5. Otras deducciones | | | |
| **B. TOTAL A DEDUCIR** | | **422,05 €** | |
| **LIQUIDO TOTAL A PERCIBIR (A-B)** | | | **1.583,95 €** |

Firma y sello de la empresa — Fecha — Recibí

**DETERMINACIÓN DE LAS BASES DE COTIZACIÓN A LA SEGURIDAD SOCIAL Y CONCEPTOS DE RECAUDACIÓN CONJUNTA Y DE LA BASE SUJETA A RETENCIÓN DEL I.R.P.F. Y APORTACIÓN DE LA EMPRESA**

| | | Base | Tipo | Aportación Empresa |
|---|---|---|---|---|
| 1. Base de cotización por contingencias comunes | | | | |
| Remuneración mensual | 1.969,60 € | | | |
| Prorrata pagas extras | 291,67 € | | | |
| **TOTAL** | 2.261,27 € | | 23,60% | 533,66 € |
| | | | | 0,00 € |
| 2. Base de Contingencias Profesionales y otros conceptos de recaudación conjunta | AT y EP | 2.261,27 € | 1,50% | 33,92 € |
| | Desempleo | | 5,50% | 124,37 € |
| | FP | | 0,60% | 13,57 € |
| | FOGASA | | 0,20% | 4,52 € |
| 3. Cotización por horas extras | | **0,00 €** | 23,60% | 0,00 € |
| 4. Cotización por horas extras fuerza mayor | | **0,00 €** | 12,00% | 0,00 € |
| 5. Mecanismo de Equidad Intergeneracional | | 2.311,27 € | 0,58% | 13,12 € |
| 6. Base sujeta a retención del IRPF | | 1.969,60 € | **Total** | **723,15 €** |

## 4.2. Supuestos resueltos de nóminas de retribución diaria

### Ejercicio resuelto 4.10: Nómina diaria sencilla

Félix Gómez García trabaja en la empresa Fabricansinos, S. L. desde hace 2 meses con un contrato de duración determinada. Los datos de la empresa son:

- Número de identificación fiscal: B49560032
- Domicilio en Paseo del Espolón, nº 25, Zamora (CP 49800)
- Código de cuenta de cotización: 490123456789

La empresa se dedica a la fabricación de edificios, CNAE: 4339. La cotización del trabajador por IT e IMS será respectivamente de 3,35 % y 3,35 %, lo que suma un total de 6,70 %.

Por su parte, los datos del empleado son:

- Nombre y apellidos: Félix Gómez García
- DNI: 11721545J
- Fecha de nacimiento: 14/10/1985
- Nº de afiliación: 495555012340
- Grupo profesional: oficial de primera
- Grupo de cotización: (8) Oficiales de primera y segunda

Las retribuciones que la empresa le abona son las siguientes:

- Salario base: 48 €/día
- Plus peligrosidad: 3 €/día
- Desgaste de herramientas: 2 €/día
- Además, tiene derecho a recibir dos pagas extraordinarias de devengo anual de cuantía igual a 30 días de salario base: una en junio y otra en diciembre.

Cumplimenta el recibo de salarios del mes de febrero teniendo en cuenta que según su situación personal y familiar le corresponde una retención por IRPF del 10 %.

**1.º Anotar y calcular los devengos:**

| Conceptos | Devengado | Excluido | Incluido |
|---|---|---|---|
| Salario base | 48 €/día × 28 días = 1.344,00 € | – | – |
| Peligrosidad | 3 €/día × 28 días = 84,00 € | – | – |
| Desgaste de herramientas | 2 €/día × 28 días = 56,00 € | – | Todo |

**2 º Calcular las bases de cotización a la Seguridad Social**

En primer lugar, hay que calcular la prorrata diaria de las pagas extras y multiplicarla por los días del mes de referencia.

$$\textit{Prorrata diaria} = \frac{\textit{Total pagas extras}}{365 \textit{ días}} = \frac{(48\text{ €} \times 30 \textit{ días}) \times 2 \textit{ pagas}}{365 \textit{ días}} = 7{,}89 \text{ €}/\textit{día}$$

$$\textit{Prorrata mensual} = \textit{Prorrata diaria} \times \text{nº de días del mes} = 7{,}89 \times 28 = 220{,}92 \text{ €}$$

En segundo lugar, se calcula la BCCC mensual y se divide entre el número de días para calcular la BCCC diaria. Esto es esencial, puesto que las bases mínimas y máximas de estos grupos de cotización (son los grupos 8 y ulteriores) vienen expresadas en términos diarios.

$$BCCC = 1.344 + 84 + 56 + 220{,}92 = 1.704{,}92 \text{ €}$$

$$BCCC \textit{ diaria} = 1.704{,}92 / 28 = 60{,}89 \text{ €}/\textit{día}$$

Posteriormente, se comprueba si está entre las bases mínima y máxima de cotización por contingencias comunes para su grupo profesional:

| | | Base mínima en euros/día | Base máxima en euros /día |
|---|---|---|---|
| Grupo 8 | Oficiales de primera y segunda | 44,1 | 157,35 |

Si estuviera por encima o por debajo de las bases mínima o máxima se tomarían estas bases y se multiplicarían por el número de días del mes (en este caso, 28).

A partir de la base de cotización por contingencias comunes se calcula la BCCP que, como no hay horas extraordinarias, es la misma. Por tanto: BCCP= 1.704,92 € (está entre las bases mínima y máxima). Por último, hay que determinar la base de retención del IRPF:

$$BRIRPF = 1.344 + 84 + 56 = 1.484{,}00 \text{ €}$$

Ahora que ya está disponible toda la información que se necesita, como en las nóminas mensuales, es el momento de pasar todo al recibo de salarios y realizar los últimos cálculos:

| | | | |
|---|---|---|---|
| **Empresa** | Fabricansinos, S.L. | **Trabajador** | Félix Gómez García |
| **Domicilio** | Paseo del Espolón, nº 25 | **NIF** | 11721545J |
| **CIF** | B49560032 | **Número S.S.** | 495555012340 |
| **CCC** | 490123456789 | **Grupo profesional** | Oficial de primera |
| | | **Grupo de cotización** | (8) Oficiales de primera y segunda |

| Periodo liquidación | Del 1 al 28 de febrero del 20xx | Nº días | 28 |
|---|---|---|---|

| | | | |
|---|---|---|---|
| **I. DEVENGOS** | | | **TOTALES** |
| 1. Percepciones salariales | | | |
| Salario base | (48 € x 28 días) | 1.344,00 € | |
| Complementos salariales: | | | |
| Peligrosidad | (3 € x 28 días) | 84,00 € | |
| Horas extraordinarias | | | |
| Horas complementarias | | | |
| Gratificaciones extraordinarias | | | |
| Salario en especie | | | |
| 2. Percepciones no salariales | | | |
| Indemnizaciones o Suplidos | | | |
| Desgaste de herramientas | (2 € x 28 días) | 56,00 € | |
| Prestaciones e indemnizaciones de la Seguridad Social | | | |
| Indemnizaciones por traslados, suspensiones o despidos. | | | |
| Otras percepciones no salariales | | | |
| **A. TOTAL DEVENGADO** | | **1.484,00 €** | |

| | | | |
|---|---|---|---|
| **II. DEDUCCIONES** | | | |
| **1. Aportaciones del trabajador a las cotizaciones a la S.S y conceptos de recaudación conjunta** | | | |
| | Tipo | | |
| Contingencias comunes | 4,70% | 80,13 € | |
| M.E. Intergeneracional | 0,12% | 2,05 € | |
| Desempleo | 1,60% | 27,28 € | |
| Formación Profesional | 0,10% | 1,70 € | |
| Horas extraordinarias normales | 4,70% | 0,00 € | |
| Horas extraordinarias de fuerza mayor | 2,00% | 0,00 € | |
| **TOTAL APORTACIONES** | | | **111,16 €** |
| 2. IRPF | 10,00% | 148,40 € | |
| 3. Anticipos | | | |
| 4. Valor de los productos recibidos en especie | | | |
| 5. Otras deducciones | | | |
| **B. TOTAL A DEDUCIR** | | **259,56 €** | |
| **LIQUIDO TOTAL A PERCIBIR (A-B)** | | | **1.224,44 €** |
| Firma y sello de la empresa | | Fecha | Recibí |

**DETERMINACIÓN DE LAS BASES DE COTIZACIÓN A LA SEGURIDAD SOCIAL Y CONCEPTOS DE RECAUDACIÓN CONJUNTA Y DE LA BASE SUJETA A RETENCIÓN DEL I.R.P.F. Y APORTACIÓN DE LA EMPRESA**

| | | | | |
|---|---|---|---|---|
| 1. Base de cotización por contingencias comunes | | | | |
| Remuneración mensual | 1.484,00 € | | | |
| Prorrata pagas extras | 220,92 € | | Tipo | Aportación Empresa |
| **TOTAL** | 1.704,92 € | | 23,60% | 402,36 € |
| | | Base | | |
| 2. Base de Contingencias Profesionales y otros conceptos de recaudación conjunta | AT y EP | | 6,70% | 114,23 € |
| | Desempleo | 1.704,92 € | 6,70% | 114,23 € |
| | FP | | 0,60% | 10,23 € |
| | FOGASA | | 0,20% | 3,41 € |
| 3. Cotización por horas extras | | **0,00 €** | 23,60% | 0,00 € |
| 4. Cotización por horas extras fuerza mayor | | **0,00 €** | 12,00% | 0,00 € |
| 5. Mecanismo de Equidad Intergeneracional | | | 0,58% | 9,89 € |
| 6. Base sujeta a retención del IRPF | | 1.484,00 € | **Total** | **654,35 €** |

## Ejercicio resuelto 4.11: Nómina diaria con horas extraordinarias

Pedro Gutiérrez trabaja en la empresa Fabricansinos, S. L. desde hace 3 meses con un contrato de duración determinada. Los datos de la empresa son:

- Número de identificación fiscal: B49560032
- Domicilio en Paseo del Espolón, nº 25, Zamora (CP 49800)
- Código de Cuenta de cotización: 490123456789

La empresa se dedica a la fabricación de edificios, CNAE: 4339. La cotización del trabajador por IT e IMS será respectivamente de 3,35 % y 3,35 %, lo que suma un total de 6,70 %.

Por su parte, los datos del empleado son:

- Nombre y apellidos: Pedro Gutiérrez
- DNI: 11721545J
- Fecha de nacimiento: 14/10/1985
- Nº de afiliación: 495555012340
- Grupo profesional: oficial de primera
- Grupo de cotización: (8) Oficiales de primera y segunda

Las retribuciones que la empresa le abona son las siguientes:

- Salario base: 75 €/día
- Plus peligrosidad: 3,90 €/día
- Desgaste de herramientas: 2,50 €/día
- A lo largo del mes Pedro ha realizado 2 horas extraordinarias por causa de fuerza mayor y 3 horas extras estructurales. Cada hora la cobra a 25 €. Además, tiene derecho a recibir dos pagas extraordinarias de devengo anual de cuantía igual a 30 días de salario base: una en junio y otra en diciembre.

Cumplimenta el recibo de salarios del mes de marzo teniendo en cuenta que según su situación personal y familiar le corresponde una retención por IRPF del 20 %.

### 1.º Anotar y calcular los devengos (y la prorrata de las pagas extraordinarias):

| Conceptos | Devengado | Excluido | Incluido |
|---|---|---|---|
| Salario base | 2.325,00 € | – | – |
| Peligrosidad | 120,90 € | – | – |

| Conceptos | Devengado | Excluido | Incluido |
|---|---|---|---|
| Desgaste de herramientas | 77,50 € | – | 77,50 € |
| Horas extras fuerza mayor | 50,00 € | – | – |
| Horas extras estructurales | 75,00 € | – | – |
| Prorrata pagas extraordinarias diaria | 12,33 € | – | – |
| Prorrata pagas extraordinarias mensual | 382 ,19 € | – | – |

**2.º Calcular las bases de cotización a la Seguridad Social**

Ahora que ya está disponible toda la información que se necesita, solo falta pasar los datos al recibo de salarios y hacer los cálculos oportunos para completar la nómina:

| Bases | Importes |
|---|---|
| 1.b) - BCCC mensual | 2.905,63 € |
| 1.a) - BCCC diaria | $\frac{2.905,63}{31} = 93,73$ €/*día* |
| 2-BCHE | BCHEFM (fuerza mayor) = 75,00 € |
| | BCRHE (resto de horas extras) = 50,00 € |
| 3-BCCP | 3.030,63 € (está entre las bases mínima y máxima) |
| 4-BRIRPF | 2.648,40 € |

Ahora que ya está disponible toda la información que se necesita, solo falta pasar los datos al recibo de salarios y hacer los cálculos oportunos para completar la nómina, véase página siguiente.

## Ejercicios resueltos 4.12 y 4.13: Nómina diaria con diferentes supuestos de paga extra

Mario Vaquerizo trabaja en la empresa Fabricansinos, S. L. desde hace 3 meses con un contrato de duración determinada. Los datos de la empresa son:

- Número de identificación fiscal: B49560032
- Domicilio en Paseo del Espolón, nº 25, Zamora (CP 49800)
- Código de cuenta de cotización: 490123456789

La empresa se dedica a la fabricación de edificios, CNAE: 4339. La cotización del trabajador por IT e IMS será respectivamente de 3,35 % y 3,35 %, lo que suma un total de 6,70 %.

| | | | |
|---|---|---|---|
| **Empresa** | Fabricansinos, S.L. | **Trabajador** | Pedro Gutiérrez |
| **Domicilio** | Paseo del Espolón, nº 25 | **NIF** | 11721545J |
| **CIF** | B49560032 | **Número S.S.** | 495555012340 |
| **CCC** | 490123456789 | **Grupo profesional** | Oficial de primera |
| | | **Grupo de cotización** | (8) Oficiales de primera y segunda |

| Periodo liquidación | Del 1 al 31 de marzo del 20xx | Nº días | 31 |
|---|---|---|---|

| **I. DEVENGOS** | | **TOTALES** |
|---|---|---|
| 1. Percepciones salariales | | |
| Salario base (75 € x 31 días) | 2.325,00 € | |
| Complementos salariales: | | |
| Peligrosidad (3,90 € x 31 días) | 120,90 € | |
| | | |
| | | |
| Horas extraordinarias (50 € horas fuerza mayor + 75 € resto de horas extraordinarias) | 125,00 € | |
| Horas complementarias | | |
| Gratificaciones extraordinarias | | |
| Salario en especie | | |
| 2. Percepciones no salariales | | |
| Indemnizaciones o Suplidos | | |
| Desgaste de herramientas (2,50 € x 31 días) | 77,50 € | |
| | | |
| Prestaciones e indemnizaciones de la Seguridad Social | | |
| Indemnizaciones por traslados, suspensiones o despidos. | | |
| Otras percepciones no salariales | | |
| | | |
| **A. TOTAL DEVENGADO** | **2.648,40 €** | |

**II. DEDUCCIONES**

**1. Aportaciones del trabajador a las cotizaciones a la S.S y conceptos de recaudación conjunta**

| | Tipo | | |
|---|---|---|---|
| Contingencias comunes | 4,70% | 136,56 € | |
| M.E. Intergeneracional | 0,12% | 3,49 € | |
| Desempleo | 1,60% | 48,49 € | |
| Formación Profesional | 0,10% | 3,03 € | |
| Horas extraordinarias normales | 4,70% | 3,53 € | |
| Horas extraordinarias de fuerza mayor | 2,00% | 1,00 € | |
| **TOTAL APORTACIONES** | | | **196,10 €** |
| 2. IRPF | 20,00% | 529,68 € | |
| 3. Anticipos | | | |
| 4. Valor de los productos recibidos en especie | | | |
| 5. Otras deducciones | | | |
| **B. TOTAL A DEDUCIR** | | **725,78 €** | |
| **LIQUIDO TOTAL A PERCIBIR (A-B)** | | | **1.922,62 €** |

Firma y sello de la empresa — Fecha — Recibí

**DETERMINACIÓN DE LAS BASES DE COTIZACIÓN A LA SEGURIDAD SOCIAL Y CONCEPTOS DE RECAUDACIÓN CONJUNTA Y DE LA BASE SUJETA A RETENCIÓN DEL I.R.P.F. Y APORTACIÓN DE LA EMPRESA**

| | | Base | Tipo | Aportación Empresa |
|---|---|---|---|---|
| 1. Base de cotización por contingencias comunes | | | | |
| Remuneración mensual | 2.523,44 € | | | |
| Prorrata pagas extras | 382,19 € | | | |
| **TOTAL** | 2.905,63 € | | 23,60% | 685,73 € |
| 2. Base de Contingencias Profesionales y otros conceptos de recaudación conjunta | AT y EP | 3.030,63 € | 6,70% | 203,05 € |
| | Desempleo | | 6,70% | 203,05 € |
| | FP | | 0,60% | 18,18 € |
| | FOGASA | | 0,20% | 6,06 € |
| 3. Cotización por horas extras | | **75,00 €** | 23,60% | 17,70 € |
| 4. Cotización por horas extras fuerza mayor | | **50,00 €** | 12,00% | 6,00 € |
| 5. Mecanismo de Equidad Intergeneracional | | | 0,58% | 16,85 € |
| 6. Base sujeta a retención del IRPF | | 2.648,40 € | **Total** | **1.156,63 €** |

Por su parte, los datos del empleado son:

- DNI: 11721545J
- Fecha de nacimiento: 14/10/1985
- Nº de afiliación: 495555012340
- Grupo profesional: oficial de primera
- Grupo de cotización: (8) Oficiales de primera y segunda

Las retribuciones que la empresa le abona son las siguientes:

- Salario base: 60 €/día
- Plus peligrosidad: 2 €/día
- Desgaste de herramientas: 1 €/día

A lo largo del mes Mario ha realizado 2 horas extraordinarias por causa de fuerza mayor y 8 horas extras estructurales. Cada hora la cobra a 18 €. Además, tiene derecho a recibir dos pagas extraordinarias de devengo anual de cuantía igual a 30 días de salario base: una en junio y otra en diciembre. Cumplimenta el recibo de salarios del mes de junio teniendo en cuenta que según su situación personal y familiar le corresponde una retención por IRPF del 15 %.

a) Elabora el recibo de salarios de las dos formas posibles: incluyendo la paga en el mismo documento (opción a) y generando un documento aparte (opción b).

b) Elabora el recibo de salarios suponiendo que cobra las pagas extras prorrateadas (opción c).

### 1.º Anotar y calcular los devengos (y la prorrata de las pagas extraordinarias):

| Conceptos | Devengado | Excluido | Incluido |
|---|---|---|---|
| Salario base | 1.800,00 € | – | – |
| Peligrosidad | 60,00 € | – | – |
| Desgaste de herramientas | 30,00 € | – | 30,00 € |
| Horas extras fuerza mayor | 36,00 € | – | – |
| Horas extras estructurales | 144,00 € | – | – |
| Prorrata pagas extraordinarias diaria | 9,86 € | – | – |
| Prorrata pagas extraordinarias mensual | 295,89 € | – | – |

### 2.º Calcular las bases de cotización a la Seguridad Social

| Bases | Importes |
|---|---|
| 1.b) - BCCC mensual | 2.185,89 € |
| 1.a) - BCCC diaria | 2.185,89/30 = 72,86 €/día |
| 2-BCHE | BCHEFM (fuerza mayor) = 36,00 € |
| | BCRHE (resto de horas extras) = 144,00 € |
| 3-BCCP | 2.365,89 € (está entre las bases mínima y máxima) |
| 4-BRIRPF | Para la solución a) nómina con paga extra: 3.870,00 €<br>Para la solución b.1) nómina del mes sin paga extra: 2.070,00 €<br>Para la solución b.2) nómina de la paga extra: 1.800,00 €<br>Para la solución c) nómina con paga prorrateada: 2.365,89 € |

Ahora que ya está disponible toda la información que se necesita, solo falta pasar los datos a los correspondientes recibos de salarios y hacer los cálculos oportunos para completar las nóminas, véanse Figuras 4.14, 4.15, 4.16 y 4.17.

## Ejercicio resuelto 4.14: Nómina diaria que supera las bases máximas

David López trabaja en la empresa Fabricansinos, S. L. desde hace 3 meses con un contrato de duración determinada.

Los datos de la empresa pueden consultarse en el supuesto anterior.

Los datos del empleado son:

- DNI: 11721545J
- Fecha de nacimiento: 14/10/1985
- Nº de afiliación: 495555012340
- Grupo profesional: oficial de primera
- Grupo de cotización: (8) Oficiales de primera y segunda

Las retribuciones que recibe son las siguientes:

- Salario base: 82 €/día
- Plus disponibilidad: 24 €/día
- Plus responsabilidad: 20 €/día

**RESOLUCIÓN OPCIÓN A)**

| | | | |
|---|---|---|---|
| **Empresa** | Fabricansinos, S.L. | **Trabajador** | Mario Vaquerizo |
| **Domicilio** | Paseo del Espolón, nº 25 | **NIF** | 11721545J |
| **CIF** | B49560032 | **Número S.S.** | 495555012340 |
| **CCC** | 490123456789 | **Grupo profesional** | Oficial de primera |
| | | **Grupo de cotización** | (8) Oficiales de primera y segunda |

| Periodo liquidación | Del 1 al 30 de junio de 20xx | Nº días | 30 |
|---|---|---|---|

| **I. DEVENGOS** | | | **TOTALES** |
|---|---|---|---|
| 1. Percepciones salariales | | | |
| Salario base (60 € x 30 días) | | 1.800,00 € | |
| Complementos salariales: | | | |
| Plus peligrosidad (2 € x 30 días) | | 60,00 € | |
| Horas extraordinarias de fuerza mayor | | 36,00 € | |
| Horas extraordinarias | | 144,00 € | |
| Horas complementarias | | | |
| Gratificaciones extraordinarias | | 1.800,00 € | |
| Salario en especie | | | |
| 2. Percepciones no salariales | | | |
| Indemnizaciones o Suplidos | | | |
| Desgaste de herramientas (1€ x 30 días) | | 30,00 € | |
| Prestaciones e indemnizaciones de la Seguridad Social | | | |
| Indemnizaciones por traslados, suspensiones o despidos. | | | |
| Otras percepciones no salariales | | | |
| **A. TOTAL DEVENGADO** | | **3.870,00 €** | |

| **II. DEDUCCIONES** | | | |
|---|---|---|---|
| **1. Aportaciones del trabajador a las cotizaciones a la S.S y conceptos de recaudación conjunta** | | | |
| | Tipo | | |
| Contingencias comunes | 4,70% | 102,74 € | |
| M.E. Intergeneracional | 0,12% | 2,62 € | |
| Desempleo | 1,60% | 37,85 € | |
| Formación Profesional | 0,10% | 2,37 € | |
| Horas extraordinarias normales | 4,70% | 6,77 € | |
| Horas extraordinarias de fuerza mayor | 2,00% | 0,72 € | |
| **TOTAL APORTACIONES** | | | 153,07 € |
| 2. IRPF | 15,00% | 580,50 € | |
| 3. Anticipos | | | |
| 4. Valor de los productos recibidos en especie | | | |
| 5. Otras deducciones | | | |
| **B. TOTAL A DEDUCIR** | | **733,57 €** | |
| **LIQUIDO TOTAL A PERCIBIR (A-B)** | | | **3.136,43 €** |
| Firma y sello de la empresa | | Fecha | Recibí |

**DETERMINACIÓN DE LAS BASES DE COTIZACIÓN A LA SEGURIDAD SOCIAL Y CONCEPTOS DE RECAUDACIÓN CONJUNTA Y DE LA BASE SUJETA A RETENCIÓN DEL I.R.P.F. Y APORTACIÓN DE LA EMPRESA**

| | | | | Tipo | Aportación Empresa |
|---|---|---|---|---|---|
| 1. Base de cotización por contingencias comunes | | | | | |
| Remuneración mensual | 1.890,00 € | | | | |
| Prorrata pagas extras | 295,89 € | | | | |
| **TOTAL** | 2.185,89 € | | | 23,60% | 515,87 € |
| | | Base | | | |
| | AT y EP | | | 6,70% | 158,51 € |
| | Desempleo | | | 6,70% | 158,51 € |
| 2. Base de Contingencias Profesionales y otros conceptos de recaudación conjunta | FP | | 2.365,89 € | 0,60% | 14,20 € |
| | FOGASA | | | 0,20% | 4,73 € |
| 3. Cotización por horas extras | | **144,00 €** | | 23,60% | 33,98 € |
| 4. Cotización por horas extras fuerza mayor | | **36,00 €** | | 12,00% | 4,32 € |
| 5. Mecanismo de Equidad Intergeneracional | | | | 0,58% | 12,68 € |
| 6. Base sujeta a retención del IRPF | | | 3.870,00 € | **Total** | **902,81 €** |

## RESOLUCIÓN OPCIÓN B.1)

| | | | |
|---|---|---|---|
| **Empresa** | Fabricansinos, S.L. | **Trabajador** | Mario Vaquerizo |
| **Domicilio** | Paseo del Espolón, nº 25 | **NIF** | 11721545J |
| **CIF** | B49560032 | **Número S.S.** | 495555012340 |
| **CCC** | 490123456789 | **Grupo profesional** | Oficial de primera |
| | | **Grupo de cotización** | (8) Oficiales de primera y segunda |

| Periodo liquidación | Del 1 al 30 de junio de 20xx | Nº días | 30 |
|---|---|---|---|

| **I. DEVENGOS** | | | **TOTALES** |
|---|---|---|---|
| 1. Percepciones salariales | | | |
| Salario base (60 € x 30 días) | | 1.800,00 € | |
| Complementos salariales: | | | |
| Plus peligrosidad (2 € x 30 días) | | 60,00 € | |
| Horas extraordinarias | | 180,00 € | |
| Horas complementarias | | | |
| Gratificaciones extraordinarias | | | |
| Salario en especie | | | |
| 2. Percepciones no salariales | | | |
| Indemnizaciones o Suplidos | | | |
| Desgaste de herramientas (1€ x 30 días) | | 30,00 € | |
| Prestaciones e indemnizaciones de la Seguridad Social | | | |
| Indemnizaciones por traslados, suspensiones o despidos. | | | |
| Otras percepciones no salariales | | | |
| **A. TOTAL DEVENGADO** | | **2.070,00 €** | |
| **II. DEDUCCIONES** | | | |
| **1. Aportaciones del trabajador a las cotizaciones a la S.S y conceptos de recaudación conjunta** | | | |
| | Tipo | | |
| Contingencias comunes | 4,70% | 102,74 € | |
| M.E. Intergeneracional | 0,12% | 2,62 € | |
| Desempleo | 1,60% | 37,85 € | |
| Formación Profesional | 0,10% | 2,37 € | |
| Horas extraordinarias normales | 4,70% | 6,77 € | |
| Horas extraordinarias de fuerza mayor | 2,00% | 0,72 € | |
| **TOTAL APORTACIONES** | | | 153,07 € |
| 2. IRPF | 15,00% | 310,50 € | |
| 3. Anticipos | | | |
| 4. Valor de los productos recibidos en especie | | | |
| 5. Otras deducciones | | | |
| **B. TOTAL A DEDUCIR** | | **463,57 €** | |
| **LIQUIDO TOTAL A PERCIBIR (A-B)** | | | **1.606,43 €** |
| Firma y sello de la empresa | | Fecha | Recibí |

**DETERMINACIÓN DE LAS BASES DE COTIZACIÓN A LA SEGURIDAD SOCIAL Y CONCEPTOS DE RECAUDACIÓN CONJUNTA Y DE LA BASE SUJETA A RETENCIÓN DEL I.R.P.F. Y APORTACIÓN DE LA EMPRESA**

| | | | Tipo | Aportación Empresa |
|---|---|---|---|---|
| 1. Base de cotización por contingencias comunes | | | | |
| Remuneración mensual | 1.890,00 € | | | |
| Prorrata pagas extras | 295,89 € | | | |
| **TOTAL** | 2.185,89 € | | 23,60% | 515,87 € |
| | | Base | | |
| 2. Base de Contingencias Profesionales y otros conceptos de recaudación conjunta | AT y EP | 2.365,89 € | 6,70% | 158,51 € |
| | Desempleo | | 6,70% | 158,51 € |
| | FP | | 0,60% | 14,20 € |
| | FOGASA | | 0,20% | 4,73 € |
| 3. Cotización por horas extras | | **144,00 €** | 23,60% | 33,98 € |
| 4. Cotización por horas extras fuerza mayor | | **36,00 €** | 12,00% | 4,32 € |
| 5. Mecanismo de Equidad Intergeneracional | | | 0,58% | 12,68 € |
| 6. Base sujeta a retención del IRPF | | 2.070,00 € | **Total** | **902,81 €** |

**RESOLUCIÓN OPCIÓN B.2)**

| | | | |
|---|---|---|---|
| **Empresa** | Fabricansinos, S.L. | **Trabajador** | Mario Vaquerizo |
| **Domicilio** | Paseo del Espolón, nº 25 | **NIF** | 11721545J |
| **CIF** | B49560032 | **Número S.S.** | 495555012340 |
| **CCC** | 490123456789 | **Grupo profesional** | Oficial de primera |
| | | **Grupo de cotización** | (8) Oficiales de primera y segunda |

| Periodo liquidación | Del 1 de enero al 30 de junio de 20xx | Nº días | 180 |
|---|---|---|---|

**I. DEVENGOS** — **TOTALES**

|  | | Totales |
|---|---|---|
| 1. Percepciones salariales | | |
| Complementos salariales: | | |
| Horas extraordinarias | | |
| Horas complementarias | | |
| Gratificaciones extraordinarias | | 1.800,00 € |
| Salario en especie | | |
| 2. Percepciones no salariales | | |
| Indemnizaciones o Suplidos | | |
| Desgaste de herramientas (1€ x 30 días) | | |
| Prestaciones e indemnizaciones de la Seguridad Social | | |
| Indemnizaciones por traslados, suspensiones o despidos. | | |
| Otras percepciones no salariales | | |
| **A. TOTAL DEVENGADO** | | **1.800,00 €** |

**II. DEDUCCIONES**

**1. Aportaciones del trabajador a las cotizaciones a la S.S y conceptos de recaudación conjunta**

|  | Tipo |  |
|---|---|---|
| Contingencias comunes | 4,70% | |
| M.E. Intergeneracional | 0,12% | |
| Desempleo | 1,60% | |
| Formación Profesional | 0,10% | |
| Horas extraordinarias normales | 4,70% | |
| Horas extraordinarias de fuerza mayor | 2,00% | |
| **TOTAL APORTACIONES** | | |
| 2. IRPF | 15,00% | 270,00 € |
| 3. Anticipos | | |
| 4. Valor de los productos recibidos en especie | | |
| 5. Otras deducciones | | |
| **B. TOTAL A DEDUCIR** | | **270,00 €** |
| **LIQUIDO TOTAL A PERCIBIR (A-B)** | | **1.530,00 €** |

Firma y sello de la empresa — Fecha — Recibí

**DETERMINACIÓN DE LAS BASES DE COTIZACIÓN A LA SEGURIDAD SOCIAL Y CONCEPTOS DE RECAUDACIÓNCONJUNTA Y DE LA BASE SUJETA A RETENCIÓN DEL I.R.P.F. Y APORTACIÓN DE LA EMPRESA**

|  | | Base | Tipo | Aportación Empresa |
|---|---|---|---|---|
| 1. Base de cotización por contingencias comunes | | | | |
| Remuneración mensual | | | | |
| Prorrata pagas extras | | | | |
| **TOTAL** | | | 23,60% | |
| 2. Base de Contingencias Profesionales y otros conceptos de recaudación conjunta | AT y EP | | 6,70% | |
| | Desempleo | | 6,70% | |
| | FP | | 0,60% | |
| | FOGASA | | 0,20% | |
| 3. Cotización por horas extras | | | 23,60% | |
| 4. Cotización por horas extras fuerza mayor | | | 12,00% | |
| 5. Mecanismo de Equidad Intergeneracional | | | 0,58% | |
| 6. Base sujeta a retención del IRPF | | **1.800,00 €** | **Total** | |

**RESOLUCIÓN OPCIÓN C)**

| | | | |
|---|---|---|---|
| **Empresa** | Fabricansinos, S.L. | **Trabajador** | Mario Vaquerizo |
| **Domicilio** | Paseo del Espolón, nº 25 | **NIF** | 11721545J |
| **CIF** | B49560032 | **Número S.S.** | 495555012340 |
| **CCC** | 490123456789 | **Grupo profesional** | Oficial de primera |
| | | **Grupo de cotización** | (8) Oficiales de primera y segunda |

| Periodo liquidación | Del 1 al 30 de junio de 20xx | Nº días | 30 |
|---|---|---|---|

| **I. DEVENGOS** | | | **TOTALES** |
|---|---|---|---|
| 1. Percepciones salariales | | | |
| Salario base (60 € x 30 días) | | 1.800,00 € | |
| Complementos salariales: | | | |
| Plus peligrosidad (2 € x 30 días) | | 60,00 € | |
| | | | |
| | | | |
| Horas extraordinarias | | 180,00 € | |
| Horas complementarias | | | |
| Gratificaciones extraordinarias | | 295,89 € | |
| Salario en especie | | | |
| 2. Percepciones no salariales | | | |
| Indemnizaciones o Suplidos | | | |
| Desgaste de herramientas (1€ x 30 días) | | 30,00 € | |
| | | | |
| Prestaciones e indemnizaciones de la Seguridad Social | | | |
| | | | |
| Indemnizaciones por traslados, suspensiones o despidos. | | | |
| | | | |
| Otras percepciones no salariales | | | |
| | | | |
| | | | |
| | **A. TOTAL DEVENGADO** | **2.365,89 €** | |

| **II. DEDUCCIONES** | | | |
|---|---|---|---|
| **1. Aportaciones del trabajador a las cotizaciones a la S.S y conceptos de recaudación conjunta** | | | |
| | Tipo | | |
| Contingencias comunes | 4,70% | 102,74 € | |
| M.E. Intergeneracional | 0,12% | 2,62 € | |
| Desempleo | 1,60% | 37,85 € | |
| Formación Profesional | 0,10% | 2,37 € | |
| Horas extraordinarias normales | 4,70% | 6,77 € | |
| Horas extraordinarias de fuerza mayor | 2,00% | 0,72 € | |
| **TOTAL APORTACIONES** | | | 153,07 € |
| 2. IRPF | 15,00% | 354,88 € | |
| 3. Anticipos | | | |
| 4. Valor de los productos recibidos en especie | | | |
| 5. Otras deducciones | | | |
| | | | |
| **B. TOTAL A DEDUCIR** | | **507,95 €** | |
| **LIQUIDO TOTAL A PERCIBIR (A-B)** | | | **1.857,94 €** |
| Firma y sello de la empresa | | Fecha | Recibí |

**DETERMINACIÓN DE LAS BASES DE COTIZACIÓN A LA SEGURIDAD SOCIAL Y CONCEPTOS DE RECAUDACIÓN CONJUNTA Y DE LA BASE SUJETA A RETENCIÓN DEL I.R.P.F. Y APORTACIÓN DE LA EMPRESA**

| | | | | Tipo | Aportación Empresa |
|---|---|---|---|---|---|
| 1. Base de cotización por contingencias comunes | | | | | |
| Remuneración mensual | 1.890,00 € | | | | |
| Prorrata pagas extras | 295,89 € | | | | |
| **TOTAL** | 2.185,89 € | | | 23,60% | 515,87 € |
| | | | Base | | |
| | | AT y EP | | 6,70% | 158,51 € |
| | | Desempleo | | 6,70% | 158,51 € |
| 2. Base de Contingencias Profesionales y otros conceptos de recaudación conjunta | | FP | 2.365,89 € | 0,60% | 14,20 € |
| | | FOGASA | | 0,20% | 4,73 € |
| 3. Cotización por horas extras | | | **144,00 €** | 23,60% | 33,98 € |
| 4. Cotización por horas extras fuerza mayor | | | **36,00 €** | 12,00% | 4,32 € |
| 5. Mecanismo de Equidad Intergeneracional | | | | 0,58% | 12,68 € |
| 6. Base sujeta a retención del IRPF | | | **2.365,89 €** | **Total** | **902,81 €** |

- Plus peligrosidad: 25 €/día
- Desgaste de herramientas: 8 €/día
- A lo largo del mes, David ha realizado 10 horas extraordinarias por causa de fuerza mayor y 16 horas extras estructurales. Cada hora la cobra a 30 €.

Además, tiene derecho a recibir dos pagas extraordinarias de devengo anual de cuantía igual a 30 días de salario base. Este trabajador cobra las pagas extraordinarias prorrateadas. El trabajador solicitó un anticipo de 100 € el día 15 y la empresa se lo abonó el día 18 de este mes.

Cumplimenta el recibo de salarios del mes de junio teniendo en cuenta que según su situación personal y familiar le corresponde una retención por IRPF del 30 %.

### 1.º Anotar y calcular los devengos:

| Conceptos | Devengado | Excluido | Incluido |
|---|---|---|---|
| Salario base | 2.460,00 € | – | – |
| Disponibilidad | 720,00 € | – | – |
| Responsabilidad | 600,00 € | – | – |
| Peligrosidad | 750,00 € | – | – |
| Desgaste de herramientas | 240,00 € | – | 240,00 € |
| Horas extraordinarias | 780,00 € | – | – |
| Prorrata pagas extraordinarias | 404,38 € | | |

### 2.º Calcular las bases de cotización a la Seguridad Social

| Bases | Importes |
|---|---|
| 1-BCCC | La base de cotización calculada supera la base máxima, por lo que se toma esta como BCCC (157,35 €/día × 30 días = 4.720,50 €) |
| 2-BCHE | BCHEFM = 300,00 € |
| | BCRHE = 450,00 € |
| 3-BCCP | La base por AT y EP calculada supera la base máxima, por lo que se toma esta como BCCP (4.720,50 €) |
| 4-BRIRPF | 5.954,38 € |

| | | | |
|---|---|---|---|
| **Empresa** | Fabricansinos, S.L. | **Trabajador** | David López |
| **Domicilio** | Paseo del Espolón, nº 25 | **NIF** | 11721545J |
| **CIF** | B49560032 | **Número S.S.** | 495555012340 |
| **CCC** | 490123456789 | **Grupo profesional** | Oficial de primera |
| | | **Grupo de cotización** | (8) Oficiales de primera y segunda |

| Periodo liquidación | Del 1 al 30 de junio del 20xx | Nº días | 30 |
|---|---|---|---|

| **I. DEVENGOS** | | | **TOTALES** |
|---|---|---|---|
| 1. Percepciones salariales | | | |
| Salario base | | 2.460,00 € | |
| Complementos salariales: | | | |
| Disponibilidad | | 720,00 € | |
| Responsabilidad | | 600,00 € | |
| Peligrosidad | | 750,00 € | |
| Horas extraordinarias | (300+480) | 780,00 € | |
| Horas complementarias | | | |
| Gratificaciones extraordinarias | | 404,38 € | |
| Salario en especie | | | |
| 2. Percepciones no salariales | | | |
| Indemnizaciones o Suplidos | | | |
| Desgaste de herramientas | | 240,00 € | |
| Prestaciones e indemnizaciones de la Seguridad Social | | | |
| Indemnizaciones por traslados, suspensiones o despidos. | | | |
| Otras percepciones no salariales | | | |
| | **A. TOTAL DEVENGADO** | | **5.954,38 €** |

**II. DEDUCCIONES**

**1. Aportaciones del trabajador a las cotizaciones a la S.S y conceptos de recaudación conjunta**

| | Tipo | | |
|---|---|---|---|
| Contingencias comunes | 4,70% | 221,86 € | |
| M.E. Intergeneracional | 0,12% | 5,66 € | |
| Desempleo | 1,60% | 75,53 € | |
| Formación Profesional | 0,10% | 4,72 € | |
| Horas extraordinarias normales | 4,70% | 22,56 € | |
| Horas extraordinarias de fuerza mayor | 2,00% | 6,00 € | |
| **TOTAL APORTACIONES** | | | 336,34 € |
| 2. IRPF | 30,00% | 1.786,31 € | |
| 3. Anticipos | | 100,00 € | |
| 4. Valor de los productos recibidos en especie | | | |
| 5. Otras deducciones | | | |
| **B. TOTAL A DEDUCIR** | | **2.222,65 €** | |
| **LIQUIDO TOTAL A PERCIBIR (A-B)** | | | **3.731,73 €** |

Firma y sello de la empresa — Fecha — Recibí

**DETERMINACIÓN DE LAS BASES DE COTIZACIÓN A LA SEGURIDAD SOCIAL Y CONCEPTOS DE RECAUDACIÓN CONJUNTA Y DE LA BASE SUJETA A RETENCIÓN DEL I.R.P.F. Y APORTACIÓN DE LA EMPRESA**

| | | | Tipo | Aportación Empresa |
|---|---|---|---|---|
| 1. Base de cotización por contingencias comunes | | | | |
| Remuneración mensual | | | | |
| Prorrata pagas extras | | | | |
| **TOTAL** | 4.720,50 € | BASE MÁXIMA | 23,60% | 1.114,04 € |
| | | Base | | |
| | AT y EP | | 6,70% | 316,27 € |
| | Desempleo | | 6,70% | 316,27 € |
| 2. Base de Contingencias Profesionales y otros conceptos de recaudación conjunta | FP | 4.720,50 € | 0,60% | 28,32 € |
| | FOGASA | BASE MÁXIMA | 0,20% | 9,44 € |
| 3. Cotización por horas extras | | **480,00 €** | 23,60% | 113,28 € |
| 4. Cotización por horas extras fuerza mayor | | **300,00 €** | 12,00% | 36,00 € |
| 5. Mecanismo de Equidad Intergeneracional | | | 0,58% | 27,38 € |
| 6. Base sujeta a retención del IRPF | | **5.954,38 €** | **Total** | **1.961,01 €** |

# ACTIVIDADES FINALES

## AUTOEVALUACIÓN

**4.1. En la nómina de un trabajador del grupo 5 de cotización del mes de febrero, ¿cuántos días deben aparecer reflejados en el encabezado del documento?**

a) 30 días.

b) 28 días.

c) 28 o 29 días, depende del año.

**4.2. En el total devengado debe incluirse la prorrata de las pagas extraordinarias:**

a) Sí, siempre.

b) No, nunca.

c) Solo si realmente cobra las pagas prorrateadas.

**4.3. Las aportaciones a la Seguridad Social a cargo del trabajador:**

a) Se fijan en función del poder adquisitivo y de la situación personal y familiar del trabajador.

b) Varían en función del tipo de contrato del trabajador.

c) Todas las respuestas son falsas.

**4.4. El IRPF en la nómina:**

a) Se aplica sobre la BCCC.

b) Se aplica sobre la BCCP.

c) Todas las respuestas son falsas.

**4.5. Total a deducir:**

a) El total a deducir se calcula para saber lo que el trabajador tiene que pagarle a la Agencia Tributaria.

b) El total a deducir es la cantidad que se le resta al trabajador del total devengado.

c) Todas las respuestas son ciertas.

**4.6. Atendiendo al ejercicio resuelto nº 14, el dinero que efectivamente va a recibir en su cuenta corriente el trabajador es:**

a) 1.961,01 €.

b) 3.731,73 €.

c) 5.960,00 €.

**4.7. Si un trabajador pernocta 3 días fuera de su casa por motivos de trabajo y su empresa le paga en concepto de manutención un total de 195,00 €, ¿cotizaría por todo lo que le pagan?**

a) Este concepto siempre está sujeto a cotización.

b) Este concepto nunca está sujeto a cotización.

c) Este concepto está parcialmente libre de cotización.

**4.8. Sacando los datos de una nómina, ¿cómo se calcularía el coste total para la empresa de tener contratado a un trabajador?**

a) Sería igual al total devengado.

b) Sería igual al total devengado más las aportaciones de la empresa a la Seguridad Social.

c) Sería igual al total devengado menos las deducciones y más las aportaciones de la empresa a la Seguridad Social.

**4.9. ¿Cuál será el coste total de tener contratado al trabajador para la empresa del ejercicio resuelto nº 1?**

a) 2.187,63 €.

b) 1.600,00 €.

c) 1.720,77 €.

**4.10. Las aportaciones de la empresa a la Seguridad Social.**

a) Se ven condicionadas por la actividad que realiza, pues en función de eso varía la cotización por AT y EP.

b) Se ven condicionadas por el tipo de contrato de trabajo.

c) Todas las respuestas son ciertas.

## EJERCICIOS PARA RESOLVER

### Práctica 4.1: Nómina sencilla

Julián Martínez Pérez trabaja en Academia la Pipiola, S. L. con un contrato indefinido. Sus datos son:

- Número de identificación fiscal: B37560032
- Domicilio en Paseo César Real de la Riva, nº 35, Salamanca, C. P. 37012
- Código de cuenta de cotización: 370123456789

La empresa se dedica a prestar servicios educativos, por lo que su CNAE es: 8559 y su cotización por IT e IMS será respectivamente de 0,8 % y 0,7 %, lo que suma un total de 1,50 %.

Por su parte, los datos de Julián son:

- Nombre y apellidos: Julián Martínez Pérez
- Fecha de nacimiento: 01/07/1990
- NIF: 91030284X
- Nº de afiliación: 375555012340

- Grupo profesional: (V) Auxiliar administrativo --> Según convenio
- Grupo de cotización: (7) Auxiliares administrativos

Las retribuciones que la empresa le abona son las siguientes:

- Salario base: 1.300 €/mes
- Plus convenio: 150 €/mes
- Plus idiomas: 30 €/mes
- Además, tiene derecho a recibir dos pagas extraordinarias de devengo anual de cuantía igual al salario base + plus convenio: una en junio y otra en diciembre.

Cumplimenta el recibo de salarios del mes de febrero de Julián teniendo en cuenta que según su situación personal y familiar le corresponde una retención por IRPF del 12 %.

**Práctica 4.2: Nómina con complementos**

Rubén Darío Prieto trabaja en la empresa Academia la Pipiola, S. L. desde hace 11 años y 3 meses con un contrato indefinido. Los datos de la empresa son:

- Número de identificación fiscal: B37560032
- Domicilio en Paseo César Real de la Riva, nº 35, Salamanca, C. P. 37012
- Código de cuenta de cotización: 370123456789

La empresa se dedica a prestar servicios educativos, por lo que su CNAE es: 8559 y su cotización por IT e IMS será respectivamente de 0,8 % y 0,7 %, lo que suma un total de 1,50 %.

Por su parte, los datos del empleado son:

- Nombre y apellidos: Rubén Darío Prieto
- Fecha de nacimiento: 01/07/1990
- NIF: 58636571W
- Nº de afiliación: 375555012340
- Grupo profesional: (V) Auxiliar administrativo --> Según convenio
- Grupo de cotización: (7) Auxiliares administrativos

Las retribuciones que la empresa le abona son las siguientes:

- Salario base: 1.460 €/mes
- Plus turnicidad: 80 €/mes
- Antigüedad: 5 % s/salario base por cada sexenio
- Plus transporte: 50 €/mes
- Además, tiene derecho a recibir dos pagas extraordinarias de devengo anual de cuantía igual al salario base: una en junio y otra en diciembre.

Cumplimenta el recibo de salarios del mes de febrero teniendo en cuenta que según su situación personal y familiar le corresponde una retención por IRPF del 14 %.

¿Cuál sería el coste total de tener contratada a esta trabajadora para la empresa?

**Práctica 4.3: Nómina mensual con complementos, anticipos y kilometraje**

Julián Martínez Pérez trabaja en la empresa Academia la Pipiola, S. L. desde hace 7 años y 1 mes con un contrato indefinido. Los datos de la empresa son:

- Número de identificación fiscal: B37560032
- Domicilio en Paseo César Real de la Riva, nº 35, Salamanca, C. P. 37012
- Código de cuenta de cotización: 370123456789

La empresa se dedica a prestar servicios educativos, por lo que su CNAE es: 8559 y su cotización por IT e IMS será respectivamente de 0,8 % y 0,7 %, lo que suma un total de 1,50 %.

Los datos de Julián son:

- Fecha de nacimiento: 05/09/1988
- NIF: 71035349Q
- Nº de afiliación: 375555012340
- Grupo profesional: (III) Administrativo --> Según convenio
- Grupo de cotización: (5) Oficiales administrativos

Las retribuciones que la empresa le abona son las siguientes:

- Salario base: 1.850 €/mes
- Antigüedad: 100 € por trienio
- Plus disponibilidad: 150 €/mes
- Este mes Julián ha utilizado su coche para asistir a dos reuniones de trabajo fuera de su ciudad. En total ha recorrido 140 km y la empresa paga el kilometraje a 0,40 €/km recorrido.
- Además, tiene derecho a recibir dos pagas extraordinarias de devengo anual de cuantía igual al salario base + antigüedad: una en junio y otra en diciembre. El día 16 de abril el trabajador solicita un anticipo de 120 € y la empresa se lo abona el día 20 de ese mismo mes.

Cumplimenta el recibo de salarios del mes de abril teniendo en cuenta que según su situación personal y familiar le corresponde una retención por IRPF del 13 %.

**Práctica 4.4: Nómina con paga extra y complementos**

Jordi Hurtado García trabaja en la empresa Saber y perder, S. L. desde hace 10 años y 1 mes con un contrato indefinido. Los datos de la empresa son:

- Número de identificación fiscal: B37560032
- Domicilio en Paseo César Real de la Riva, nº 35, Salamanca, C. P. 37012
- Código de cuenta de cotización: 370123456789

La empresa se dedica a prestar servicios educativos, por lo que su CNAE es: 8559 y su cotización por IT e IMS será respectivamente de 0,8 % y 0,7 %, lo que suma un total de 1,50 %.

Por su parte, los datos del empleado son:

- Fecha de nacimiento: 05/09/1970
- NIF: 99999999X
- Nº de afiliación: 375555012340
- Grupo profesional: (III) Administrativo --> Según convenio
- Grupo de cotización: (5) Oficiales administrativos

Las retribuciones que la empresa le abona son las siguientes:

- Salario base: 1.450 €/mes
- Antigüedad: 80 € por trienio
- Este mes Jordi ha utilizado su coche particular para visitar clientes. En total ha recorrido 1.000 km y la empresa paga el kilometraje a 0,38 €/km recorrido. Además, tiene derecho a recibir dos pagas extraordinarias de devengo semestral de cuantía igual al salario base: una en junio y otra en diciembre.

Cumplimenta el recibo de salarios del mes de junio teniendo en cuenta que según su situación personal y familiar le corresponde una retención por IRPF del 8 %.

a) Elabora la nómina de la trabajadora incluyendo la paga extra en el recibo de salario del mes de junio.

b) Elabora la nómina de la trabajadora generando un documento aparte en el que únicamente aparezca la paga extra.

**Práctica 4.5: Nómina con paga extra prorrateada, complementos y anticipo**

Rocío Dúrcal Martín trabaja en la empresa Academia la Pipiola, S. L. desde hace 7 años y 1 mes con un contrato indefinido. Los datos de la empresa son:

- Número de identificación fiscal: B37560032
- Domicilio en Paseo César Real de la Riva, nº 35, Salamanca, C. P. 37012
- Código de cuenta de cotización: 370123456789

La empresa se dedica a prestar servicios educativos, por lo que su CNAE es: 8559 y su cotización por IT e IMS será respectivamente de 0,8 % y 0,7 %, lo que suma un total de 1,50 %.

Por su parte, los datos del empleado son:

- Nombre y apellidos: Rocío Dúrcal Martín
- Fecha de nacimiento: 05/09/1985
- NIF: 71035349Q
- Nº de afiliación: 375555012340
- Grupo profesional: (III) Administrativo --> Según convenio
- Grupo de cotización: (5) Oficiales administrativos

Las retribuciones que la empresa le abona son las siguientes:

- Salario base: 1.700 €/mes
- Antigüedad: 200 € por sexenio
- Este mes Rocío ha utilizado su coche para asistir a dos reuniones de trabajo fuera de su ciudad. En total ha recorrido 250 km y la empresa paga el kilometraje a 0,42 €/km recorrido. Además, tiene derecho a recibir dos pagas extraordinarias de devengo anual de cuantía igual al salario base + antigüedad: **las cobra prorrateadas**.

El día 15 de junio la trabajadora solicita un anticipo de 150 € y la empresa se lo abona el día 18 de ese mismo mes.

Cumplimenta el recibo de salarios del mes de junio teniendo en cuenta que según su situación personal y familiar le corresponde una retención por IRPF del 13 %.

### Práctica 4.6: Nómina mensual con horas extras y contrato de duración determinada

Juan José Fernández trabaja en la empresa Academia la Pipiola, S. L. desde hace 3 meses con un contrato de duración determinada. Los datos de la empresa son:

- Número de identificación fiscal: B37560032
- Domicilio en Paseo César Real de la Riva, nº 35, Salamanca, C. P. 37012
- Código de cuenta de cotización: 370123456789

La empresa se dedica a prestar servicios educativos, por lo que su CNAE es: 8559 y su cotización por IT e IMS será respectivamente de 0,8 % y 0,7 %, lo que suma un total de 1,50 %.

Por su parte, los datos del empleado son:

- Nombre y apellidos: Juan José Fernández
- Fecha de nacimiento: 05/09/1995
- NIF: 58632159F
- Nº de afiliación: 375555012340
- Grupo profesional: (III) Administrativo --> Según convenio
- Grupo de cotización: (5) Oficiales administrativos

Las retribuciones que la empresa le abona son las siguientes:

- Salario base: 1.250 €/mes
- Plus idiomas: 300 €/mes
- Este mes ha realizado 2 horas extras por causa de fuerza mayor y 5 horas extras estructurales, que la empresa le abona a 25 €/hora en ambos casos. Además, ha utilizado su coche para asistir a dos reuniones de trabajo fuera de su ciudad. En total ha recorrido 200 km y la empresa paga el kilometraje a 0,32 €/km recorrido. El día 16 de abril solicita un anticipo de 120 € y la empresa se lo abona el día 20 de ese mismo mes.
- Además, tiene derecho a recibir dos pagas extraordinarias de devengo anual de cuantía igual al salario base: una en junio y otra en diciembre.

Cumplimenta el recibo de salarios del mes de abril teniendo en cuenta que según su situación personal y familiar le corresponde una retención por IRPF del 13 %.

### Práctica 4.7: Nómina con retribución que supera la base máxima de cotización

Jessica Cidón trabaja en la empresa Academia la Pipiola, S. L. desde hace 2 años y 3 meses con un contrato indefinido. Los datos de la empresa son:

- Número de identificación fiscal: B37560032
- Domicilio en Paseo César Real de la Riva, nº 35, Salamanca, C. P. 37012
- Código de cuenta de cotización: 370123456789

La empresa se dedica a prestar servicios educativos, por lo que su CNAE es: 8559 y su cotización por IT e IMS será respectivamente de 0,8 % y 0,7 %, lo que suma un total de 1,50 %.

Por su parte, los datos del empleado son:

- Nombre y apellidos: Jessica Cidón
- Fecha de nacimiento: 05/09/1992

- NIF: 89653785J
- Nº de afiliación: 375555012340
- Grupo profesional: (III) Administrativo --> Según convenio
- Grupo de cotización: (5) Oficiales administrativos

Las retribuciones que la empresa le abona son las siguientes:

- Salario base: 4.600 €/mes
- Plus convenio: 200 €/mes
- Plus disponibilidad: 100 €/mes
- Además, tiene derecho a recibir dos pagas extraordinarias de devengo anual de cuantía igual al salario base: una en junio y otra en diciembre.

a) Cumplimenta el recibo de salarios del mes de marzo teniendo en cuenta que según su situación personal y familiar le corresponde una retención por IRPF del 30 %.

b) Realiza la nómina del mes de junio teniendo en cuenta que ese mes cobra una paga extra.

**Práctica 4.8: Nómina de trabajador a jornada parcial**

Priscila Caminero trabaja en la empresa Academia la Pipiola, S. L. desde hace 9 años y 10 meses con un contrato indefinido al 50 % de la jornada (supongamos que este mes trabaja 88 horas). Los datos de la empresa son:

- Número de identificación fiscal: B37560032
- Domicilio en Paseo César Real de la Riva, nº 35, Salamanca, C. P. 37012
- Código de cuenta de cotización: 370123456789

La empresa se dedica a prestar servicios educativos, por lo que su CNAE es: 8559 y su cotización por IT e IMS será respectivamente de 0,8 % y 0,7 %, lo que suma un total de 1,50 %.

Por su parte, los datos del empleado son:

- Nombre y apellidos: Priscila Caminero
- Fecha de nacimiento: 08/08/1998
- NIF: 71035687W
- Nº de afiliación: 375555012340
- Grupo profesional: (III) Administrativa --> Según convenio
- Grupo de cotización: (5) Oficiales administrativos

Las retribuciones que le corresponden a un trabajador a jornada completa de su categoría según convenio son:

- Salario base: 1.500 €/mes
- Antigüedad: 250 € por quinquenio
- Plus disponibilidad: 150 €/mes
- Además, tiene derecho a recibir dos pagas extraordinarias de devengo anual de cuantía igual al salario base + antigüedad: una en junio y otra en diciembre.

Cumplimenta el recibo de salarios del mes de abril teniendo en cuenta que según su situación personal y familiar le corresponde una retención por IRPF del 6 %.

### Práctica 4.9: Nómina con retribución diaria

José Ignacio Navas trabaja en la empresa Fabricansinos, S. L. desde hace 2 meses con un contrato de duración determinada. Los datos de la empresa son:

- Número de identificación fiscal: B49560032
- Domicilio en Paseo del Espolón, nº 25, Zamora (CP 49800)
- Código de cuenta de cotización: 490123456789

La empresa se dedica a la fabricación de edificios, CNAE: 4339. La cotización del trabajador por IT e IMS será respectivamente de 3,35 % y 3,35 %, lo que suma un total de 6,70 %.

Por su parte, los datos del empleado son:

- DNI: 11721545J
- Fecha de nacimiento: 14/10/1985
- Nº de afiliación: 495555012340
- Grupo profesional: oficial de primera
- Grupo de cotización: (8) Oficiales de primera y segunda

Las retribuciones que la empresa le abona son las siguientes:

- Salario base: 48 €/día
- Plus peligrosidad: 30 €/día
- Desgaste de herramientas: 12 €/día
- Este mes el trabajador ha realizado 3 horas extraordinarias por motivos de producción que se le han retribuido a 20 €/hora.
- Además, tiene derecho a recibir dos pagas extraordinarias de devengo anual de cuantía igual a 30 días de salario base: una en junio y otra en diciembre.

Cumplimenta el recibo de salarios del mes de febrero teniendo en cuenta que según su situación personal y familiar le corresponde una retención por IRPF del 18 %.

### Práctica 4.10: Nómina con retribución diaria y con pagas extras

Víctor Fraile trabaja en la empresa Fabricansinos, S. L. desde hace 2 meses y 9 días con un contrato de duración determinada. Los datos de la empresa son los mismos que en el supuesto anterior.

La empresa se dedica a la fabricación de edificios, CNAE: 4339. La cotización del trabajador por IT e IMS será respectivamente de 3,35 % y 3,35 %, lo que suma un total de 6,70 %.

Por su parte, los datos del empleado son:

- DNI: 18965713J
- Fecha de nacimiento: 14/10/1989
- Nº de afiliación: 375555015678
- Grupo profesional: oficial de primera
- Grupo de cotización: (8) Oficiales de primera y segunda

Las retribuciones que la empresa le abona son las siguientes:

- Salario base: 60 €/día
- Plus peligrosidad: 2 €/día
- Desgaste de herramientas: 1 €/día
- A lo largo del mes de junio Víctor ha realizado 2 horas extraordinarias por causa de fuerza mayor y 8 horas extras estructurales. Cada hora la cobra a 18 €.
- Además, tiene derecho a recibir dos pagas extraordinarias de devengo anual de cuantía igual a 30 días de salario base: una en junio y otra en diciembre. Teniendo en cuenta que según su situación personal y familiar le corresponde una retención por IRPF del 15 %:

a) Cumplimenta el recibo de salarios del mes de marzo.

b) Cumplimenta el recibo de salarios del mes de junio. Elabora el recibo de las dos formas posibles: incluyendo la paga en el mismo documento y generando un documento solamente para la paga.

c) Cumplimenta el recibo de salarios de marzo y de junio suponiendo que el trabajador recibe las pagas extraordinarias prorrateadas.

**Práctica 4.11:** realiza la práctica nº1 suponiendo que el trabajador ha realizado 3 horas extras que le han pagado a 20 € la hora y que ha viajado por motivos de trabajo, realizando 150 km con su coche, que se le han retribuido a 0,50 €/km recorrido. Con motivo del viaje, ha dormido fuera de casa y ha presentado facturas de hoteles por importe de 150 €. Además, para compensarle los gastos de comidas, la empresa le ha abonado 300 € en concepto de manutención por 2 días de viaje (el desplazamiento se ha realizado dentro del territorio nacional).

**Práctica 4.12:** partiendo de los datos de la práctica nº 9, realiza el recibo de salarios del mes de junio del trabajador suponiendo que ha realizado 5 horas extras de fuerza mayor que se le han pagado a 15 € y que ha realizado un viaje de 300 km con su vehículo. La empresa le ha retribuido 0,26 € por kilómetro recorrido.

**Práctica 4.13:** partiendo de los datos del ejercicio resuelto 8, elabora la nómina de la trabajadora suponiendo que realiza horas complementarias por importe de 250 €.

**Práctica 4.14:** partiendo de los datos del ejercicio resuelto 1, supón que el trabajador recibe un tique restaurante valorado en 14 euros cada día que trabaja (el mes del que se trata, el empleado ha ido a trabajar 22 días). Ten en cuenta las particularidades en materia de IRPF y Seguridad Social de los tiques restaurante.

# Cálculo de retenciones e ingresos del IRPF

A lo largo de la unidad se tratan las obligaciones derivadas de la relación laboral que tienen tanto los trabajadores como las empresas con respecto al IRPF. En ella se explican el modelo 145, el certificado de retenciones e ingresos a cuenta y los modelos 111 y 190. Además, se muestra de forma práctica cómo las empresas calculan el tipo de retención del IRPF.

## Contenido

Para abordar esta unidad es necesario recordar que el IRPF es un **impuesto personal**, pues tiene en cuenta la situación personal, económica y familiar de cada individuo, **directo**, porque grava la renta de las personas, **y progresivo**, ya que cuanta más renta genera el contribuyente, más elevada resulta proporcionalmente la tributación que le corresponde.

Además, para tener una cierta perspectiva del impuesto y facilitar la comprensión de la unidad, **debe quedar claro que el IRPF grava dos grandes tipos de renta: la renta general y la renta del ahorro**:

- La renta general: dentro de este tipo de renta estarían los **rendimientos del trabajo** (la renta derivada del trabajo de cada individuo. Son los más interesantes de cara al tema que se está tratando), los **rendimientos del capital inmobiliario** (beneficios obtenidos del arrendamiento de inmuebles), los **rendimientos de actividades económicas** (son las rentas que se obtienen de las diferentes actividades empresariales que puedan llegar a realizarse) y las **imputaciones de renta**, además de algunas ganancias y pérdidas patrimoniales que no derivan de la transmisión de patrimonio.
- La renta del ahorro: está compuesta principalmente por los **rendimientos del capital mobiliario**. Entre otros estarían en este grupo: los cobros de intereses de los ahorros de los que podamos disponer (cuentas corrientes remuneradas, cuentas a plazo, fondos de inversión, acciones...), el cobro de los seguros de vida o invalidez o las **ganancias y pérdidas patrimoniales derivadas de la transmisión de patrimonio**.

Dicho lo anterior, en esta unidad se van a abordar de una forma práctica las principales obligaciones del IRPF derivadas de la relación laboral que tienen empresa y empleado con el impuesto (no se tratará la declaración de IRPF anual del trabajador ni otras obligaciones que pueda tener la empresa como la presentación de los modelos 115 y 180 de IRPF).

## 5.1. Obligaciones del perceptor

Para que la empresa pueda determinar qué tipo de retención le corresponde a cada trabajador, primero debe conocer cierta información personal de este. Lo que puede parecer una intromisión en la vida privada de los empleados por parte de las empresas se explica entendiendo la naturaleza del impuesto, pues al ser un impuesto personal, el pagador necesita conocer ciertos datos personales y familiares de estos (si tiene hijos o familiares a su cargo, si está casado, si su cónyuge obtiene ingresos...), ya que todo esto determinará el tipo impositivo.

Para estandarizar la tarea y que el trabajador no tenga que aportar más datos de los estrictamente necesarios, la Agencia Tributaria pone a disposición de las empresas el modelo 145, que sirve para que los trabajadores comuniquen su situación personal y

familiar. Esta comunicación debe producirse siempre al inicio de la relación laboral o cuando haya algún cambio en la situación personal o familiar del trabajador.

## 5.2. Comunicación de datos al pagador (modelo 145)

El modelo 145 se divide en diferentes partes:

En primer lugar, aparecen los datos del perceptor que efectúa la comunicación: situación familiar (que se acota en tres situaciones posibles), grado de discapacidad del trabajador (si lo tuviera), además aparece una casilla en la que debe determinarse si hay movilidad geográfica y otra que debe marcarse en caso de obtener rendimientos con un periodo de generación superior a 2 años durante los 5 periodos impositivos anteriores (esta opción tiene que marcarse si por ejemplo el trabajador ha sufrido un despido y ha acordado cobrar la indemnización durante ese año y el siguiente).

En segundo lugar, aparecen los datos de los hijos y de otros descendientes, pues al estar a cargo del empleado también influye en su situación personal y familiar.

En tercer lugar, y por el mismo motivo que los descendientes, se encuentran los datos de los ascendientes mayores de 65 años (o menores de 65 con discapacidad) siempre que convivan con el declarante, que no cobren rentas superiores a 8.000 € anuales y que estén a su cargo.

En cuarto lugar, deben quedar reflejadas, si las hay, las pensiones y anualidades que el trabajador deba pagar a su cónyuge o a sus hijos, siempre que estas deriven de una resolución judicial.

Por último, se debe dejar constancia de la adquisición de una vivienda habitual mediante préstamo hipotecario siempre que esta se comprase antes del 1 de enero de 2013 y siempre que no se declare una renta superior a 33.007,20 € al año, pues hay una deducción por este motivo que permite minorar el importe de la retención si se cumplen las citadas condiciones.

**EJEMPLO PRÁCTICO 5.1**

Muebles Ortiz, S. L., con NIF: B72406267, contrata mediante contrato indefinido a la trabajadora Susana de la Iglesia Bermejo, con DNI 16210724W, nacida el 12 de septiembre de 1992 y vecina de Gijón (Asturias), divorciada y con un hijo nacido en 2018 que está exclusivamente a su cargo (sin discapacidad reconocida).

Se pide: cumplimentar el modelo 145 del IRPF de Susana.

Rellenar Formulario

**Impuesto sobre la Renta de las Personas Físicas** **Retenciones sobre rendimientos del trabajo**

## Comunicación de datos al pagador (artículo 88 del Reglamento del IRPF)

Modelo **145**

Si prefiere no comunicar a la empresa o entidad pagadora alguno de los datos a que se refiere este modelo, la retención que se le practique podría resultar superior a la procedente. En tal caso, podrá recuperar la diferencia, si procede, al presentar su declaración del IRPF correspondiente al ejercicio de que se trate.

**Atención:** la inclusión de datos falsos, incompletos o inexactos en esta comunicación, así como la falta de comunicación de variaciones en los mismos que, de haber sido conocidas por el pagador, hubieran determinado una retención superior, constituye infracción tributaria sancionable con multa del 35 al 150 por 100 de las cantidades que se hubieran dejado de retener por esta causa. (Artículo 205 de la Ley 58/2003, de 17 de diciembre, General Tributaria).

### 1. Datos del perceptor que efectúa la comunicación

NIF | Apellidos y Nombre | Año de nacimiento

**Situación familiar:**

- Soltero/a, viudo/a, divorciado/a o separado/a legalmente con hijos solteros menores de 18 años o incapacitados judicialmente y sometidos a patria potestad prorrogada o rehabilitada que conviven exclusivamente con Vd., sin convivir también con el otro progenitor, siempre que proceda consignar al menos un hijo o descendiente en el apartado 2 de este documento .......... 1
- Casado/a y no separado/a legalmente cuyo cónyuge no obtiene rentas superiores a 1.500 euros anuales, excluidas las exentas .......... 2

  NIF del cónyuge (si ha marcado la casilla 2, deberá consignar en esta casilla el NIF de su cónyuge) ..........
- Situación familiar distinta de las dos anteriores (solteros sin hijos, casados cuyo cónyuge obtiene rentas superiores a 1.500 euros anuales, ..., etc.) .......... 3
  (Marque también esta casilla si no desea manifestar su situación familiar).

**Discapacidad** (grado de discapacidad reconocido) Igual o superior al 33% e inferior al 65% .... Igual o superior al 65% .... Además, tengo acreditada la necesidad de ayuda de terceras personas o movilidad reducida ........

**Movilidad geográfica:** Si anteriormente estaba Vd. en situación de desempleo e inscrito en la oficina de empleo y la aceptación del puesto de trabajo actual ha exigido el traslado de su residencia habitual a un nuevo municipio, indique la fecha de dicho traslado ..........

**Obtención de rendimientos con período de generación superior a 2 años durante los 5 periodos impositivos anteriores:**
Marque esta casilla si, en el plazo comprendido en los 5 periodos impositivos anteriores al ejercicio al que corresponde la presente comunicación, ha percibido rendimientos del trabajo con período de generación superior a 2 años, a los que, a efectos del cálculo del tipo de retención le haya sido aplicada la reducción por irregularidad contemplada en el artículo 18.2 de la Ley del Impuesto y, sin embargo, posteriormente usted no haya aplicado la citada reducción en su correspondiente autoliquidación del Impuesto sobre la Renta ..........

### 2. Hijos y otros descendientes menores de 25 años, o mayores de dicha edad si son discapacitados, que conviven con el perceptor

Datos de los hijos o descendientes menores de 25 años (o mayores de dicha edad si son discapacitados) que conviven con Vd. y que no tienen rentas anuales superiores a 8.000 euros.

| Año de nacimiento | Año de adopción o acogimiento [1] | **Hijos o descendientes con discapacidad** (grado de discapacidad reconocido) — Si alguno de los hijos o descendientes tiene reconocido un grado de discapacidad igual o superior al 33 por 100, marque con una "X" la/s casilla/s que corresponda/n a su situación. Grado igual o superior al 33% e inferior al 65% | Grado igual o superior al 65% | Además, tiene acreditada la necesidad de ayuda de terceras personas o movilidad reducida | **Cómputo por entero de hijos o descendientes** — En caso de hijos que convivan únicamente con Vd., sin convivir también con el otro progenitor (padre o madre), o de nietos que convivan únicamente con Vd., sin convivir también con ningún otro de sus abuelos, indíquelo marcando con una "X" esta casilla. |
|---|---|---|---|---|---|
| | | | | | |
| | | | | | |
| | | | | | |
| | | | | | |

**Atención:** Si tiene más de cuatro hijos o descendientes, adjunte otro ejemplar con los datos del quinto y sucesivos.

[1] Solamente en el caso de hijos adoptados o de menores acogidos. Tratándose de hijos adoptados que previamente hubieran estado acogidos, indique únicamente el año del acogimiento.

### 3. Ascendientes mayores de 65 años, o menores de dicha edad si son discapacitados, que conviven con el perceptor

Datos de los ascendientes mayores de 65 años (o menores de dicha edad si son discapacitados) que conviven con Vd. durante, al menos, la mitad del año y que no tienen rentas anuales superiores a 8.000 euros.

| Año de nacimiento | **Ascendientes con discapacidad** (grado de discapacidad reconocido) — Si alguno de los ascendientes tiene reconocido un grado de discapacidad igual o superior al 33 por 100, marque con una "X" la/s casilla/s que corresponda/n a su situación. Grado igual o superior al 33% e inferior al 65% | Grado igual o superior al 65% | Además, tiene acreditada la necesidad de ayuda de terceras personas o movilidad reducida | **Convivencia con otros descendientes** — Si alguno de los ascendientes convive también, al menos durante la mitad del año, con otros descendientes del mismo grado que Vd., indique en esta casilla el número total de descendientes con los que convive, incluido Vd. (Si los ascendientes sólo conviven con Vd., no rellene esta casilla). |
|---|---|---|---|---|
| | | | | |
| | | | | |

### 4. Pensiones compensatorias en favor del cónyuge y anualidades por alimentos en favor de los hijos, fijadas ambas por decisión judicial

**Pensión compensatoria en favor del cónyuge.** Importe anual que está Vd. obligado a satisfacer por resolución judicial ..........

**Anualidades por alimentos en favor de los hijos.** Importe anual que está Vd. obligado a satisfacer por resolución judicial ..........

### 5. Pagos por la adquisición o rehabilitación de la vivienda habitual utilizando financiación ajena, con derecho a deducción en el IRPF

**Importante:** sólo podrán cumplimentar este apartado los contribuyentes que hayan adquirido su vivienda habitual, o hayan satisfecho cantidades por obras de rehabilitación de la misma, antes del 1 de enero de 2013.

Si está Vd. efectuando pagos por préstamos destinados a la adquisición o rehabilitación de su vivienda habitual por los que vaya a tener derecho a deducción por inversión en vivienda habitual en el IRPF y la cuantía total de sus retribuciones íntegras en concepto de rendimientos del trabajo procedentes de todos sus pagadores es inferior a 33.007,20 euros anuales, marque con una "X" esta casilla ..........

### 6. Fecha y firma de la comunicación

Manifiesto ser contribuyente del IRPF y declaro que son ciertos los datos arriba indicados, presentando ante la empresa o entidad pagadora la presente comunicación de mi situación personal y familiar, o de su variación, a los efectos previstos en el artículo 88 del Reglamento del IRPF.

.........., ...... de .......... de ......

Firma del perceptor:

Fdo.: D / D.ª ..........

### 7. Acuse de recibo

La empresa o entidad:

acusa recibo de la presente comunicación y documentación.

.........., ...... de .......... de ......

Firma autorizada y sello de la empresa o entidad pagadora:

Fdo.: D / D.ª ..........

De conformidad con lo dispuesto en el artículo 11 de la Ley Orgánica 3/2018, de 5 de diciembre, de Protección de Datos Personales y garantía de los derechos digitales, el perceptor tendrá derecho a ser informado previamente de la existencia de un fichero o tratamiento de datos de carácter personal, de la finalidad de la recogida de éstos y de los destinatarios de la información, de la identidad y dirección del responsable del tratamiento o, en su caso, de su representante, así como de la posibilidad de ejercitar sus derechos de acceso, rectificación o cancelación de los mismos.

**Ejemplar para la empresa o entidad pagadora**

Ver. 1.0/2022

Rellenar Formulario

**Impuesto sobre la Renta de las Personas Físicas** **Retenciones sobre rendimientos del trabajo**

## Comunicación de datos al pagador (artículo 88 del Reglamento del IRPF)

Modelo **145**

Si prefiere no comunicar a la empresa o entidad pagadora alguno de los datos a que se refiere este modelo, la retención que se le practique podría resultar superior a la procedente. En tal caso, podrá recuperar la diferencia, si procede, al presentar su declaración del IRPF correspondiente al ejercicio de que se trate.

**Atención:** la inclusión de datos falsos, incompletos o inexactos en esta comunicación, así como la falta de comunicación de variaciones en los mismos que, de haber sido conocidas por el pagador, hubieran determinado una retención superior, constituye infracción tributaria sancionable con multa del 35 al 150 por 100 de las cantidades que se hubieran dejado de retener por esta causa. (Artículo 205 de la Ley 58/2003, de 17 de diciembre, General Tributaria).

### 1. Datos del perceptor que efectúa la comunicación

| NIF | Apellidos y Nombre | Año de nacimiento |
|---|---|---|
| 16210724W | DE LA IGLESIA BERMEJO, SUSANA | 1992 |

**Situación familiar:**

- Soltero/a, viudo/a, divorciado/a o separado/a legalmente con hijos solteros menores de 18 años o incapacitados judicialmente y sometidos a patria potestad prorrogada o rehabilitada que conviven exclusivamente con Vd., sin convivir también con el otro progenitor, siempre que proceda consignar al menos un hijo o descendiente en el apartado 2 de este documento ........ 1 [X]
- Casado/a y no separado/a legalmente cuyo cónyuge no obtiene rentas superiores a 1.500 euros anuales, excluidas las exentas ........ 2 [ ]

  NIF del cónyuge (si ha marcado la casilla 2, deberá consignar en esta casilla el NIF de su cónyuge) ........ [ ]
- Situación familiar distinta de las dos anteriores (solteros sin hijos, casados cuyo cónyuge obtiene rentas superiores a 1.500 euros anuales, ..., etc.) ........ 3 [ ]
  (Marque también esta casilla si no desea manifestar su situación familiar).

**Discapacidad** (grado de discapacidad reconocido) Igual o superior al 33% e inferior al 65% .... [ ] Igual o superior al 65% .... [ ] Además, tengo acreditada la necesidad de ayuda de terceras personas o movilidad reducida ........ [ ]

**Movilidad geográfica:** Si anteriormente estaba Vd. en situación de desempleo e inscrito en la oficina de empleo y la aceptación del puesto de trabajo actual ha exigido el traslado de su residencia habitual a un nuevo municipio, indique la fecha de dicho traslado ........ [ ]

**Obtención de rendimientos con periodo de generación superior a 2 años durante los 5 periodos impositivos anteriores:**
Marque esta casilla si, en el plazo comprendido en los 5 periodos impositivos anteriores al ejercicio al que corresponde la presente comunicación, ha percibido rendimientos del trabajo con periodo de generación superior a 2 años, a los que, a efectos del cálculo del tipo de retención le haya sido aplicada la reducción por irregularidad contemplada en el artículo 18.2 de la Ley del Impuesto y, sin embargo, posteriormente usted no haya aplicado la citada reducción en su correspondiente autoliquidación del Impuesto sobre la Renta ........ [ ]

### 2. Hijos y otros descendientes menores de 25 años, o mayores de dicha edad si son discapacitados, que conviven con el perceptor

Datos de los hijos o descendientes menores de 25 años (o mayores de dicha edad si son discapacitados) que conviven con Vd. y que no tienen rentas anuales superiores a 8.000 euros.

**Hijos o descendientes con discapacidad** (grado de discapacidad reconocido): Si alguno de los hijos o descendientes tiene reconocido un grado de discapacidad igual o superior al 33 por 100, marque con una "X" la/s casilla/s que corresponda/n a su situación.

**Cómputo por entero de hijos o descendientes:** En caso de hijos que convivan únicamente con Vd., sin convivir también con el otro progenitor (padre o madre), o de nietos que convivan únicamente con Vd., sin convivir también con ningún otro de sus abuelos, indíquelo marcando con una "X" esta casilla.

| Año de nacimiento | Año de adopción o acogimiento [1] | Grado igual o superior al 33% e inferior al 65% | Grado igual o superior al 65% | Además, tiene acreditada la necesidad de ayuda de terceras personas o movilidad reducida | Cómputo por entero de hijos o descendientes |
|---|---|---|---|---|---|
| 2018 | | | | | X |
| | | | | | |
| | | | | | |
| | | | | | |

**Atención:** Si tiene más de cuatro hijos o descendientes, adjunte otro ejemplar con los datos del quinto y sucesivos.

[1] Solamente en el caso de hijos adoptados o de menores acogidos. Tratándose de hijos adoptados que previamente hubieran estado acogidos, indique únicamente el año del acogimiento.

### 3. Ascendientes mayores de 65 años, o menores de dicha edad si son discapacitados, que conviven con el perceptor

Datos de los ascendientes mayores de 65 años (o menores de dicha edad si son discapacitados) que conviven con Vd. durante, al menos, la mitad del año y que no tienen rentas anuales superiores a 8.000 euros.

**Ascendientes con discapacidad** (grado de discapacidad reconocido): Si alguno de los ascendientes tiene reconocido un grado de discapacidad igual o superior al 33 por 100, marque con una "X" la/s casilla/s que corresponda/n a su situación.

**Convivencia con otros descendientes:** Si alguno de los ascendientes convive también, al menos durante la mitad del año, con otros descendientes del mismo grado que Vd., indique en esta casilla el número total de descendientes con los que convive, incluido Vd. (Si los ascendientes sólo conviven con Vd., no rellene esta casilla).

| Año de nacimiento | Grado igual o superior al 33% e inferior al 65% | Grado igual o superior al 65% | Además, tiene acreditada la necesidad de ayuda de terceras personas o movilidad reducida | Convivencia con otros descendientes |
|---|---|---|---|---|
| | | | | |
| | | | | |

### 4. Pensiones compensatorias en favor del cónyuge y anualidades por alimentos en favor de los hijos, fijadas ambas por decisión judicial

**Pensión compensatoria en favor del cónyuge.** Importe anual que está Vd. obligado a satisfacer por resolución judicial ........ [ ]

**Anualidades por alimentos en favor de los hijos.** Importe anual que está Vd. obligado a satisfacer por resolución judicial ........ [ ]

### 5. Pagos por la adquisición o rehabilitación de la vivienda habitual utilizando financiación ajena, con derecho a deducción en el IRPF

**Importante:** sólo podrán cumplimentar este apartado los contribuyentes que hayan adquirido su vivienda habitual, o hayan satisfecho cantidades por obras de rehabilitación de la misma, antes del 1 de enero de 2013.

Si está Vd. efectuando pagos por préstamos destinados a la adquisición o rehabilitación de su vivienda habitual por los que vaya a tener derecho a deducción por inversión en vivienda habitual en el IRPF y la cuantía total de sus retribuciones íntegras en concepto de rendimientos del trabajo procedentes de todos sus pagadores es inferior a 33.007,20 euros anuales, marque con una "X" esta casilla ........ [ ]

### 6. Fecha y firma de la comunicación

Manifiesto ser contribuyente del IRPF y declaro que son ciertos los datos arriba indicados, presentando ante la empresa o entidad pagadora la presente comunicación de mi situación personal y familiar, o de su variación, a los efectos previstos en el artículo 88 del Reglamento del IRPF.

Gijón, 20 de enero de 2024

Firma del perceptor:

Fdo.: D / D.ª Susana de la Iglesia Bermejo

### 7. Acuse de recibo

La empresa o entidad: MUEBLES ORTÍZ, S.L.

acusa recibo de la presente comunicación y documentación.

Gijón, 21 de enero de 2024

Firma autorizada y sello de la empresa o entidad pagadora:

Fdo.: D / D.ª P.P. Pedro García Pérez

De conformidad con lo dispuesto en el artículo 11 de la Ley Orgánica 3/2018, de 5 de diciembre, de Protección de Datos Personales y garantía de los derechos digitales, el perceptor tendrá derecho a ser informado previamente de la existencia de un fichero o tratamiento de datos de carácter personal, de la finalidad de la recogida de éstos y de los destinatarios de la información, de la identidad y dirección del responsable del tratamiento o, en su caso, de su representante, así como de la posibilidad de ejercitar sus derechos de acceso, rectificación o cancelación de los mismos.

**Ejemplar para la empresa o entidad pagadora**

## 5.3. Cálculo de retenciones e ingresos del IRPF

Una vez que la empresa conoce los datos personales del trabajador, debe calcular el tipo de retención que le corresponde aplicar. Con el fin de hacerlo lo más práctico posible y dado que este manual no pretende brindar una formación exhaustiva en materia de IRPF, se ha optado por realizar este cálculo utilizando directamente el simulador que ofrece la Agencia Tributaria para este fin: https://www3.agenciatributaria.gob.es/Sede/Retenciones.shtml

Para realizar una consulta, se deben seguir los pasos que se indican:

1.º Una vez dentro de la página, hay que hacer clic en el enlace que se señala en la siguiente imagen.

2.º Una vez dentro, se rellenan los datos del trabajador (se utilizarán los datos de Susana de la Iglesia que aparecen en el ejemplo práctico nº1):

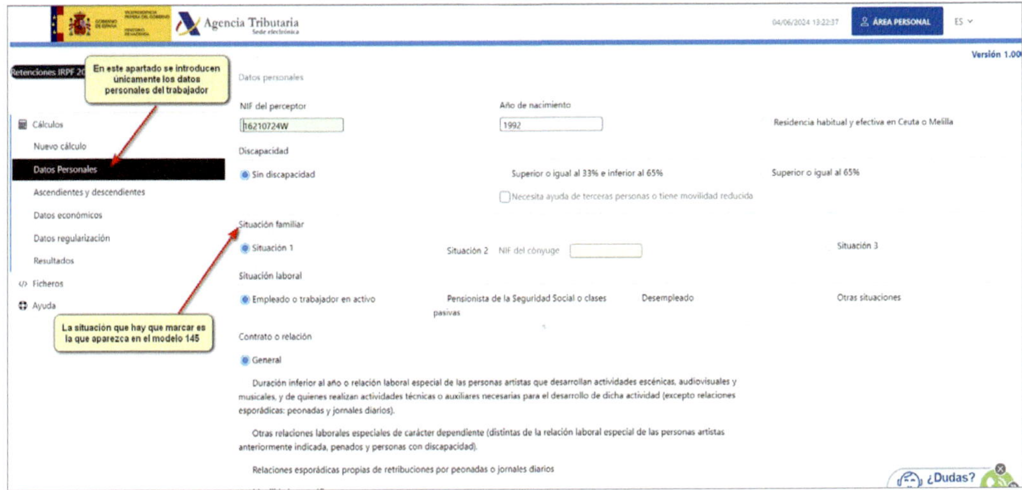


3.º Se rellenan los datos de ascendientes y descendientes (si los hay):

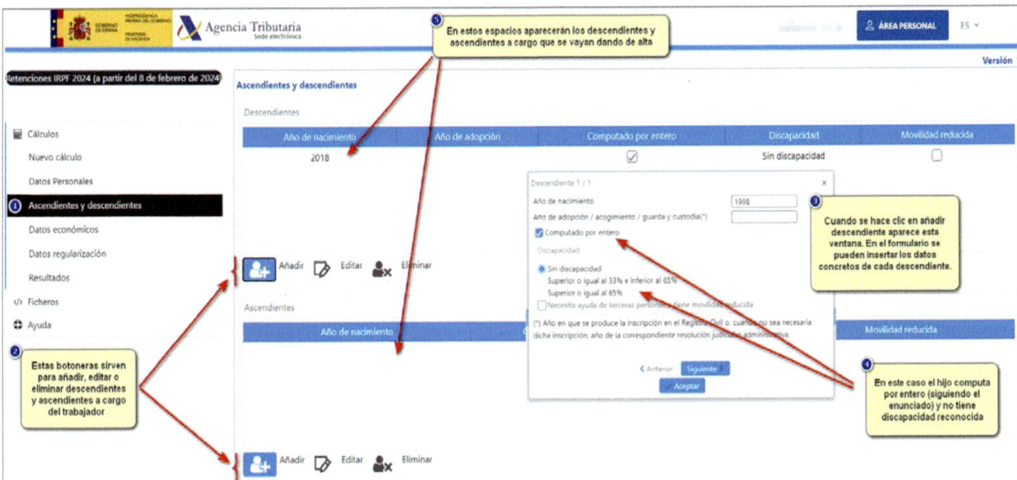

4.º Se rellenan los datos económicos (supongamos que Susana cobra 19.720,55 € brutos y que sus cotizaciones sociales a lo largo del año suponen un total de 1.252,65€).

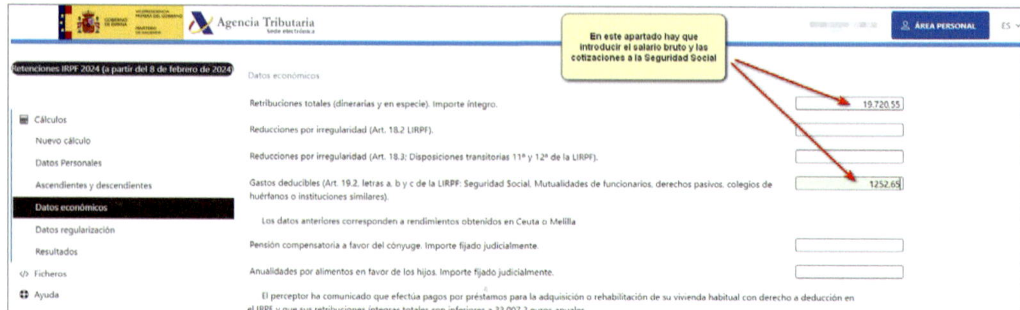


5.º Por último, se consultan los datos finales para obtener el resultado:

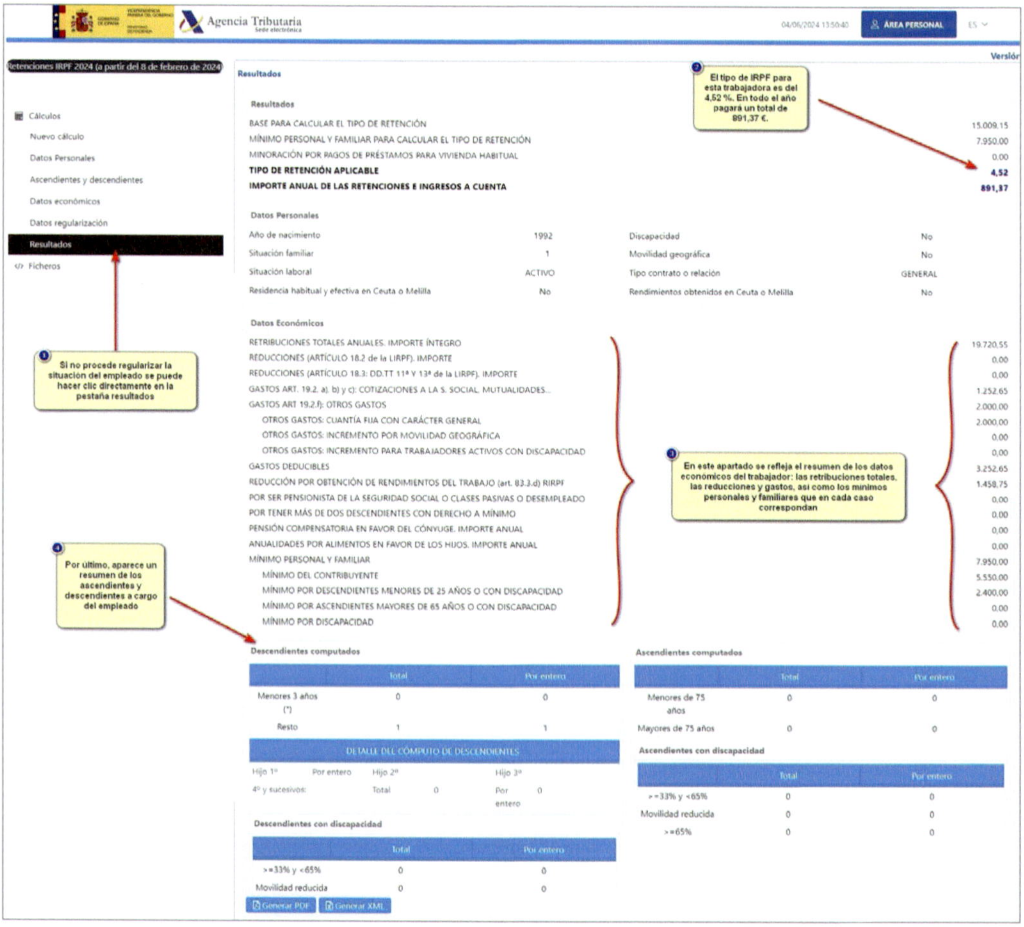

Agencia Tributaria
Sede electrónica
04/06/2024 13:50:40
ÁREA PERSONAL
ES
Versión

Retenciones IRPF 2024 (a partir del 8 de febrero de 2024)

Cálculos
Nuevo cálculo
Datos Personales
Ascendientes y descendientes
Datos económicos
Datos regularización
Resultados
Ficheros

**Resultados**

**Resultados**

| | |
|---|---|
| BASE PARA CALCULAR EL TIPO DE RETENCIÓN | 15.009,15 |
| MÍNIMO PERSONAL Y FAMILIAR PARA CALCULAR EL TIPO DE RETENCIÓN | 7.950,00 |
| MINORACIÓN POR PAGOS DE PRÉSTAMOS PARA VIVIENDA HABITUAL | 0,00 |
| **TIPO DE RETENCIÓN APLICABLE** | **4,52** |
| **IMPORTE ANUAL DE LAS RETENCIONES E INGRESOS A CUENTA** | **891,37** |

❷ El tipo de IRPF para esta trabajadora es del 4,52 %. En todo el año pagará un total de 891,37 €.

**Datos Personales**

| | | | |
|---|---|---|---|
| Año de nacimiento | 1992 | Discapacidad | No |
| Situación familiar | 1 | Movilidad geográfica | No |
| Situación laboral | ACTIVO | Tipo contrato o relación | GENERAL |
| Residencia habitual y efectiva en Ceuta o Melilla | No | Rendimientos obtenidos en Ceuta o Melilla | No |

❶ Si no procede regularizar la situación del empleado se puede hacer clic directamente en la pestaña resultados

**Datos Económicos**

| | |
|---|---|
| RETRIBUCIONES TOTALES ANUALES. IMPORTE ÍNTEGRO | 19.720,55 |
| REDUCCIONES (ARTÍCULO 18.2 de la LIRPF). IMPORTE | 0,00 |
| REDUCCIONES (ARTÍCULO 18.3: DD.TT 11ª Y 13ª de la LIRPF). IMPORTE | 0,00 |
| GASTOS ART. 19.2. a), b) y c): COTIZACIONES A LA S. SOCIAL, MUTUALIDADES... | 1.252,65 |
| GASTOS ART 19.2.f): OTROS GASTOS | 2.000,00 |
| OTROS GASTOS: CUANTÍA FIJA CON CARÁCTER GENERAL | 2.000,00 |
| OTROS GASTOS: INCREMENTO POR MOVILIDAD GEOGRÁFICA | 0,00 |
| OTROS GASTOS: INCREMENTO PARA TRABAJADORES ACTIVOS CON DISCAPACIDAD | 0,00 |
| GASTOS DEDUCIBLES | 3.252,65 |
| REDUCCIÓN POR OBTENCIÓN DE RENDIMIENTOS DEL TRABAJO (art. 83.3.d) RIRPF | 1.458,75 |
| POR SER PENSIONISTA DE LA SEGURIDAD SOCIAL O CLASES PASIVAS O DESEMPLEADO | 0,00 |
| POR TENER MÁS DE DOS DESCENDIENTES CON DERECHO A MÍNIMO | 0,00 |
| PENSIÓN COMPENSATORIA EN FAVOR DEL CÓNYUGE. IMPORTE ANUAL | 0,00 |
| ANUALIDADES POR ALIMENTOS EN FAVOR DE LOS HIJOS. IMPORTE ANUAL | 0,00 |
| MÍNIMO PERSONAL Y FAMILIAR | 7.950,00 |
| MÍNIMO DEL CONTRIBUYENTE | 5.550,00 |
| MÍNIMO POR DESCENDIENTES MENORES DE 25 AÑOS O CON DISCAPACIDAD | 2.400,00 |
| MÍNIMO POR ASCENDIENTES MAYORES DE 65 AÑOS O CON DISCAPACIDAD | 0,00 |
| MÍNIMO POR DISCAPACIDAD | 0,00 |

❸ En este apartado se refleja el resumen de los datos económicos del trabajador: las retribuciones totales, las reducciones y gastos, así como los mínimos personales y familiares que en cada caso correspondan

❹ Por último, aparece un resumen de los ascendientes y descendientes a cargo del empleado

**Descendientes computados**

| | Total | Por entero |
|---|---|---|
| Menores 3 años (*) | 0 | 0 |
| Resto | 1 | 1 |

DETALLE DEL CÓMPUTO DE DESCENDIENTES

Hijo 1º Por entero Hijo 2º Hijo 3º
4º y sucesivos: Total 0 Por entero 0

**Descendientes con discapacidad**

| | Total | Por entero |
|---|---|---|
| >=33% y <65% | 0 | 0 |
| Movilidad reducida | 0 | 0 |

**Ascendientes computados**

| | Total | Por entero |
|---|---|---|
| Menores de 75 años | 0 | 0 |
| Mayores de 75 años | 0 | 0 |

**Ascendientes con discapacidad**

| | Total | Por entero |
|---|---|---|
| >=33% y <65% | 0 | 0 |
| Movilidad reducida | 0 | 0 |
| >=65% | 0 | 0 |

Generar PDF  Generar XML

## 5.4. Regularización del tipo de retención

Como se ha visto en el apartado anterior, y pese a que el IRPF es un impuesto complejo, llevar a la práctica el cálculo del tipo que le corresponde a cada trabajador es relativamente sencillo gracias a las herramientas digitales que actualmente proporciona la Agencia Tributaria.

Sin embargo, aunque se hayan realizado los cálculos pertinentes para cada trabajador, se debe tener en cuenta que las situaciones económicas, personales y familiares de estos pueden variar a lo largo del año. Para regularizar la situación de un trabajador que ha sufrido variaciones que puedan suponer cambios en el IRPF, puede utilizarse la herramienta que se ha utilizado anteriormente para calcular el tipo de retención.

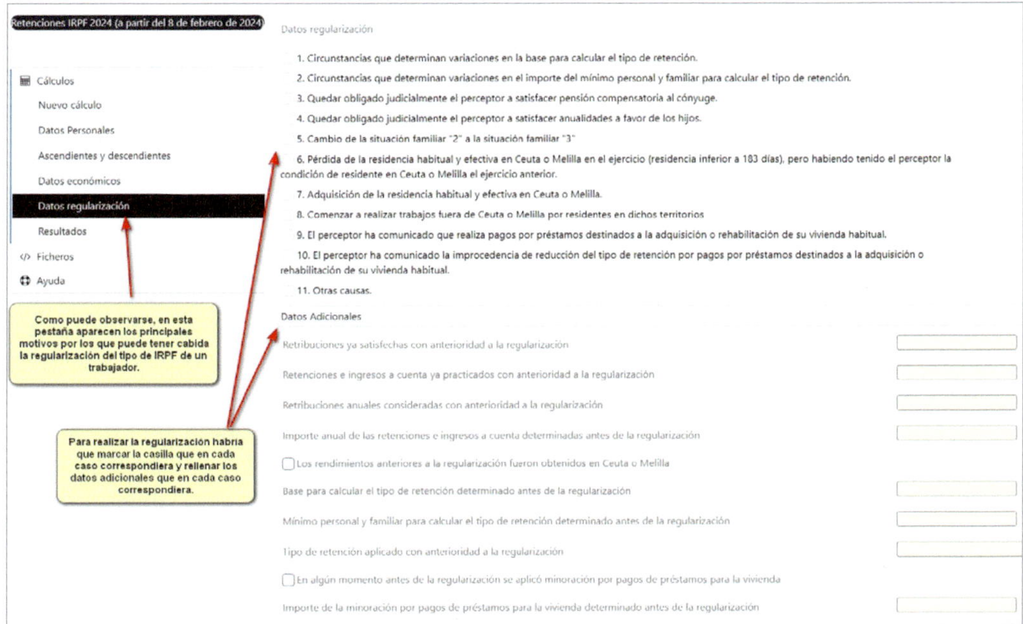


## 5.5. Tipos especiales de retención

Además, hay casos en los que no corresponde aplicar en la nómina el tipo de IRPF que se ha calculado. Los principales supuestos en los que esto sucede son: que el empleado voluntariamente quiera aumentar sus retenciones y que su retribución durante el tiempo que dure el contrato temporal sea inferior al SMI.

a) <u>El empleado quiere aumentar voluntariamente sus retenciones</u>: los trabajadores pueden solicitar a la empresa que les retenga un porcentaje (%) superior al que les corresponda (nunca inferior). Esto, aunque *a priori* puede parecer extraño, resulta

interesante para trabajadores que han tenido otro trabajo durante el mismo año natural (para tener en cuenta lo que ya han cobrado en su anterior empleo) o para quienes tengan otra fuente de ingresos (de esta forma tendrán ajustado el pago de IRPF y evitarán sorpresas cuando toque saldar cuentas con Hacienda en la declaración de la renta).

b) El empleado tiene un contrato de duración inferior al año y unos ingresos estimados inferiores al SMI: en este supuesto, en el que se encuentran la mayor parte de los trabajadores con contrato de duración determinada, se aplicaría el artículo 86.2 de la Ley del IRPF que establece un tipo mínimo de retención del 2 % para estos contratos (si del cálculo ordinario del tipo de IRPF saliera una retención mayor sería la que habría que aplicar).

## 5.6. Exclusión de la obligación de retener

Aparte de los supuestos anteriores, que establecen unos tipos especiales de retención, puede encontrarse un caso cuya peculiaridad es la exclusión de la obligación de retención.

c) El empleado tiene un contrato indefinido y un salario inferior o igual al SMI: los trabajadores con rentas bajas (inferiores o iguales al SMI) no tienen retenciones en su nómina, esto es, se les aplica un 0 % de retención del IRPF en la nómina. Tal y como reza la nota de prensa del Consejo de Ministros del 6 de febrero de 2024: «[...] la medida supone una rebaja del IRPF para acompasar las retenciones al incremento del salario mínimo interprofesional (SMI) en 2024, que se eleva un 5 % hasta los 1.134 euros al mes, con el objetivo de que las personas que cobren ese sueldo no soporten retenciones del impuesto en su nómina». Esta medida será de aplicación siempre que el trabajador tenga un contrato indefinido o fijo discontinuo, pues como se ha visto en el apartado anterior en los contratos de duración inferior al año la Ley del IRPF establece un tipo mínimo.

## 5.7. Certificado de retenciones e ingresos a cuenta del impuesto sobre la renta de las personas físicas

Otra de las obligaciones que tienen las empresas respecto al IRPF de sus empleados es la de emitir un certificado de retenciones e ingresos a cuenta del impuesto al finalizar el año natural. La empresa tiene que darle el certificado a todos los asalariados con los que haya tenido relación a lo largo del año.

Este certificado es un documento en el que la empresa detalla el monto total que el trabajador ha devengado por su trabajo a lo largo del año, así como las retenciones que se le han practicado y los pagos a la Seguridad Social que se han efectuado en su nombre. Este documento es de vital importancia para que el trabajador pueda revisar el borrador de la declaración del IRPF y presentar de forma adecuada su declaración de la renta.

## Certificado de retenciones e ingresos a cuenta del Impuesto sobre la Renta de las Personas Físicas

**• Datos del perceptor**

NIF | Apellidos y nombre

**• Datos de la persona o entidad pagadora**

NIF | Apellidos y nombre, denominación o razón social

**Rendimientos del trabajo, dietas exceptuadas de gravamen y rentas exentas** | **Datos correspondientes al ejercicio**

**• Rendimientos del trabajo: detalle de las percepciones y de las retenciones e ingresos a cuenta**

**Rendimientos correspondientes al ejercicio.**

Retribuciones NO derivadas de incapacidad laboral:
- Dinerarias ............ Importe íntegro satisfecho | Retenciones practicadas
- En especie ............ Valoración | Ingresos a cuenta efectuados | Ingresos a cuenta repercutidos

Retribuciones derivadas de incapacidad laboral:
- Dinerarias ............ Importe íntegro satisfecho | Retenciones practicadas
- En especie ............ Valoración | Ingresos a cuenta efectuados | Ingresos a cuenta repercutidos

Contribuciones empresariales a planes de pensiones, planes de previsión social empresarial y mutualidades de previsión social, así como aportaciones a estos sistemas de previsión social que deriven de una decisión del trabajador, que reduzcan la base imponible del IRPF (excepto a seguros colectivos de dependencia) .. Importe imputado al perceptor

Contribuciones empresariales a seguros colectivos de dependencia ............ Importe imputado al perceptor

Reducciones a que se refieren el artículo 18, apartados 2 y 3, y/o las disposiciones transitorias 11.ª y 12.ª de la Ley del Impuesto ............ Importe de las reducciones

Gastos fiscalmente deducibles a que se refiere el artículo 19.2 (letras a), b) y c)) de la Ley del Impuesto ............ Importe de los gastos

(Cotizaciones a la Seguridad Social o a mutualidades generales obligatorias de funcionarios, detracciones por derechos pasivos y cotizaciones a Colegios de Huérfanos o entidades similares)

**Rendimientos satisfechos en el ejercicio correspondientes a ejercicios anteriores (atrasos).**

Se hace constar asimismo que, con independencia de las retribuciones anteriormente detalladas, en el ejercicio a que este certificado se refiere le han sido satisfechas al perceptor que figura en el encabezamiento otras cantidades en concepto de atrasos correspondientes a ejercicios anteriores cuyos datos, a efectos de lo dispuesto en el artículo 14.2.b) de la Ley del Impuesto, se desglosan como sigue:

| Ejercicio de devengo | Importe íntegro satisfecho | Retenciones practicadas | Reducciones (art.º 18, 2 y 3, y DT 11.ª y 12.ª de la Ley del Impuesto) | Gastos deducibles (art.º 19.2 (letras a), b) y c)) de la Ley del Impuesto) |
|---|---|---|---|---|
| | | | | |
| | | | | |
| | | | | |
| | | | | |

**Información de interés para el perceptor.-** La percepción de cantidades en concepto de atrasos de rendimientos del trabajo dará lugar a la presentación de una declaración complementaria del IRPF por cada uno de los ejercicios a los que dichas cantidades se refieran, sin que estas declaraciones complementarias comporten la exigencia de intereses de demora ni recargo alguno.

**Cantidades reintegradas por el perceptor en el ejercicio por haber sido indebida o excesivamente percibidas en ejercicios anteriores (reintegros).**

Se hace constar también que, con independencia de los rendimientos anteriormente detallados, el perceptor que figura en el encabezamiento ha reintegrado en el ejercicio a que este certificado se refiere las cantidades que a continuación se detallan, que fueron indebida o excesivamente percibidas en cada uno de los ejercicios que se indican. Asimismo, se hace constar el importe de las reducciones que, en su caso, correspondieron a dichas cantidades a efectos de determinar el tipo de retención en los respectivos ejercicios.

| Ejercicio de percepción | Import íntegro reintegrado | Reducciones que correspondieron |
|---|---|---|
| | | |
| | | |
| | | |

**Información de interés para el perceptor.-** El reintegro de cantidades incluidas en declaraciones del IRPF ya presentadas por el contribuyente, dará derecho a éste a solicitar de la Administración tributaria la rectificación de dichas declaraciones y, en su caso, la devolución de los ingresos indebidamente realizados en el Tesoro por esta causa, con arreglo a lo dispuesto en los artículos 120.3 y 221.4 de la Ley 58/2003, de 17 de diciembre, General Tributaria.

**Dietas exceptuadas de gravamen y rentas exentas del Impuesto.**

Importe satisfecho

Dietas y asignaciones para gastos de viaje, en las cuantías exceptuadas de gravamen del IRPF ............

Rentas exentas del IRPF incluidas por la empresa o entidad pagadora en el resumen anual de retenciones e ingresos a cuenta (mod. 190) ............

**Ganancias patrimoniales de los vecinos derivadas de los aprovechamientos forestales en montes públicos** | **Datos correspondientes al ejercicio**

**• Detalle de las percepciones y de las retenciones e ingresos a cuenta**

Contraprestaciones dinerarias ............ Importe íntegro satisfecho | Retenciones practicadas

Contraprestaciones en especie ............ Valoración | Ingresos a cuenta efectuados | Ingresos a cuenta repercutidos

## 5.8. Modelos de liquidación

Además de las anteriores, la empresa tiene la obligación de declarar e ingresar en Hacienda las retenciones que les han practicado a lo largo del trimestre a sus trabajadores, así como a otros empresarios y autónomos.

Para la parte que nos atañe, que es la de los trabajadores, se utilizan principalmente dos modelos: el modelo 111 y el modelo 190.

### 5.8.1. Modelo 111

Este modelo es utilizado por las empresas para declarar e ingresar las retenciones que han practicado por IRPF a lo largo de un periodo de tiempo determinado. El documento no identifica a quién se le practican.

Como norma general se realiza una declaración trimestral, pero en el caso de grandes empresas la declaración es mensual. En todo caso, se trata de una declaración obligatoria que debe presentarse a la Agencia Tributaria (excepto si el IRPF a ingresar es igual a cero). De todos modos:

- Si la empresa no tiene personas asalariadas y no ha recibido facturas con IRPF no es necesario hacer la declaración.
- Si no hay facturas recibidas con IRPF, pero la empresa tiene trabajadores, es obligatorio realizar la declaración (aunque los trabajadores no tuvieran retención de IRPF y, por tanto, no hubiera que realizar ingreso).

## Ejercicio resuelto 5.1: Modelo 111

Supongamos que la empresa SOCIEDAD DE EJEMPLO, S. L. tiene contratado a un trabajador. A lo largo del trimestre el empleado percibe un total de 3.500 € brutos y tiene unas retenciones por IRPF de 262,50 €. Además, sabemos que no ha recibido retribución en especie de ningún tipo. Por otra parte, en este trimestre la empresa ha recibido una factura de su abogado (profesional independiente) cuyo importe asciende a 2.000 € y con una retención del 15 %. Se pide cumplimentar el modelo 111 correspondiente al primer trimestre.

MINISTERIO DE ECONOMÍA Y HACIENDA

Agencia Tributaria
Teléfono: 901 33 55 33
www.agenciatributaria.es

...gresos a cuenta d...
... de actividades económic...
...atrimoniales e imputacio...
... Documento de ingres...

> Año al que se refiere la declaración

> Periodo del que se realiza la declaración (1T, 2T, 3T...) 1T = primer trimestre

> NIF y nombre de la empresa / declarante

**Declarante (1)**

Espacio reservado para la etiqueta identificativa

Si no dispone de etiquetas, consigne los datos identificativos que se solicitan a continuación.

| NIF | Apellidos y nombre o razón social |
|---|---|
| B 5 7 8 9 6 5 2 0 | S O C I E D A D D E E J E M P L O , S . L . |

**Devengo (2)**

Ejercicio ... 2 0 2 4 Periodo ..... 1 T

Espacio reservado para la numeración por código de barras

> Nº de trabajadores de la empresa, importe bruto de las percepciones de todos los trabajadores y suma de todas las retenciones que se les practiquen durante el periodo

> Aquí se reflejan el nº de profesionales independientes que han facturado a la empresa en este periodo, la suma del importe bruto que nos han facturado y las retenciones que se ingresen por facturas recibidas de profesionales

**Liquidación (3)**

**I. Rendimientos del trabajo**

| | N.º de perceptores | Importe de las percepciones / Valor percepciones en especie | Importe de las retenciones / Importe de los ingresos a cuenta |
|---|---|---|---|
| Rendimientos dinerarios | 01 1 | 02 3.500,00 | 03 262,50 |
| Rendimientos en especie | 04 0 | 05 | 06 |

**II. Rendimientos de actividades económicas**

| | N.º de perceptores | Importe de las percepciones / Valor percepciones en especie | Importe de las retenciones / Importe de los ingresos a cuenta |
|---|---|---|---|
| Rendimientos dinerarios | 07 1 | 08 2000,00 | 09 300,00 |
| Rendimientos en especie | 10 0 | 11 | 12 |

**III. Premios por la participación en juegos, concursos, rifas o combinaciones aleatorias**

| | N.º de perceptores | Importe de las percepciones / Valor percepciones en especie | Importe de las retenciones / Importe de los ingresos a cuenta |
|---|---|---|---|
| Premios en metálico | 13 0 | 14 | 15 |
| Premios en especie | 16 0 | 17 | 18 |

**IV. Ganancias patrimoniales derivadas de los aprovechamientos forestales de los vecinos en montes públicos**

| | N.º de perceptores | Importe de las percepciones / Valor percepciones en especie | Importe de las retenciones / Importe de los ingresos a cuenta |
|---|---|---|---|
| Percepciones dinerarias | 19 0 | 20 | 21 |
| Percepciones en especie | 22 0 | 23 | 24 |

**V. Contraprestaciones por la cesión de derechos de imagen: ingresos a cuenta previstos en el artículo 92.8 de la Ley del Impuesto**

| | N.º de perceptores | Contraprestaciones satisfechas | Importe de los ingresos a cuenta |
|---|---|---|---|
| Contraprestaciones dinerarias o en especie | 25 0 | 26 | 27 |

**Total liquidación:**

Suma de retenciones e ingresos a cuenta (03 + 06 + 09 + 12 + 15 + 18 + 21 + 24 + 27) .... 28 562,50

A deducir (exclusivamente en caso de declaración complementaria):

Resultados a ingresar de anteriores declaraciones por el mismo concepto, ejercicio y período .... 29 0

**Resultado a ingresar** (28 − 29) .... 30 562,50

> Suma de las retenciones (casilla 28), resultados a ingresar de declaraciones anteriores (en caso de declaraciones complementarias) y resultado a ingresar (casilla 30)

**Ingreso (4)**

**Ingreso efectuado a favor del Tesoro público.** Cuenta restringida de colaboración en la recaudación de la AEAT de declaraciones-liquidaciones o autoliquidaciones.

**Importe del ingreso** .......... I 562,50 (casilla 30)

Forma de pago: ☐ En efectivo ☑ E.C. adeudo en cuenta

Código cuenta cliente (CCC): Entidad XXXX Sucursal XXXX DC XX Número de cuenta XXXXXXXXXX

**Negativa (5)**

☐ Declaración negativa

**Complementaria (6)**

Si esta declaración es complementaria de otra declaración anterior correspondiente al mismo concepto, ejercicio y período, indíquelo marcando con una "X" esta casilla.

☐ Declaración complementaria

En este caso, consigne a continuación el número de justificante identificativo de la declaración anterior.

**Nº de justificante:**

**Firma (7)**

________________, a ____ de ______________ de ______

Firma:

Este documento no será válido sin la certificación mecánica o, en su defecto, firma autorizada

**Ejemplar para el sujeto pasivo**

### 5.8.2. Modelo 190

Es la declaración informativa de todas las retenciones de IRPF que se han efectuado a lo largo del año a los trabajadores (o a otros profesionales que aplican retención en sus facturas). Este modelo, para entenderlo de una forma sencilla, podría decirse que es el resumen anual de los modelos mensuales o trimestrales presentados por la empresa y en él se detalla a quiénes se le practican las retenciones.

Cabe aclarar que además de estos modelos (111 y 190) las empresas deben presentar otros relacionados con el IRPF (como son el 115 y el 180), pero su explicación no tiene cabida en este manual al no tener relación con las retenciones de las personas asalariadas.

Además, es necesario recordar que la empresa cuando contrata trabajadores no solamente adquiere obligaciones con Hacienda, sino que también lo hace con la Seguridad Social. En este sentido, cabría destacar la presentación periódica de los recibos de liquidación de cotizaciones (RLC) y la relación nominal de trabajadores (RNT), que se corresponden con los antiguos modelos TC1 y TC2.

## Ejercicio resuelto 5.2: Modelo 190

Siguiendo con el ejercicio resuelto 1, se plantea el supuesto de que la empresa SOCIEDAD DE EJEMPLO, S. L. ha tenido los mismos empleados y las mismas facturas recibidas por idénticos importes durante los cuatro trimestres del año. Teniendo en cuenta estos datos, se pide cumplimentar el modelo 190 correspondiente al ejercicio 2024.

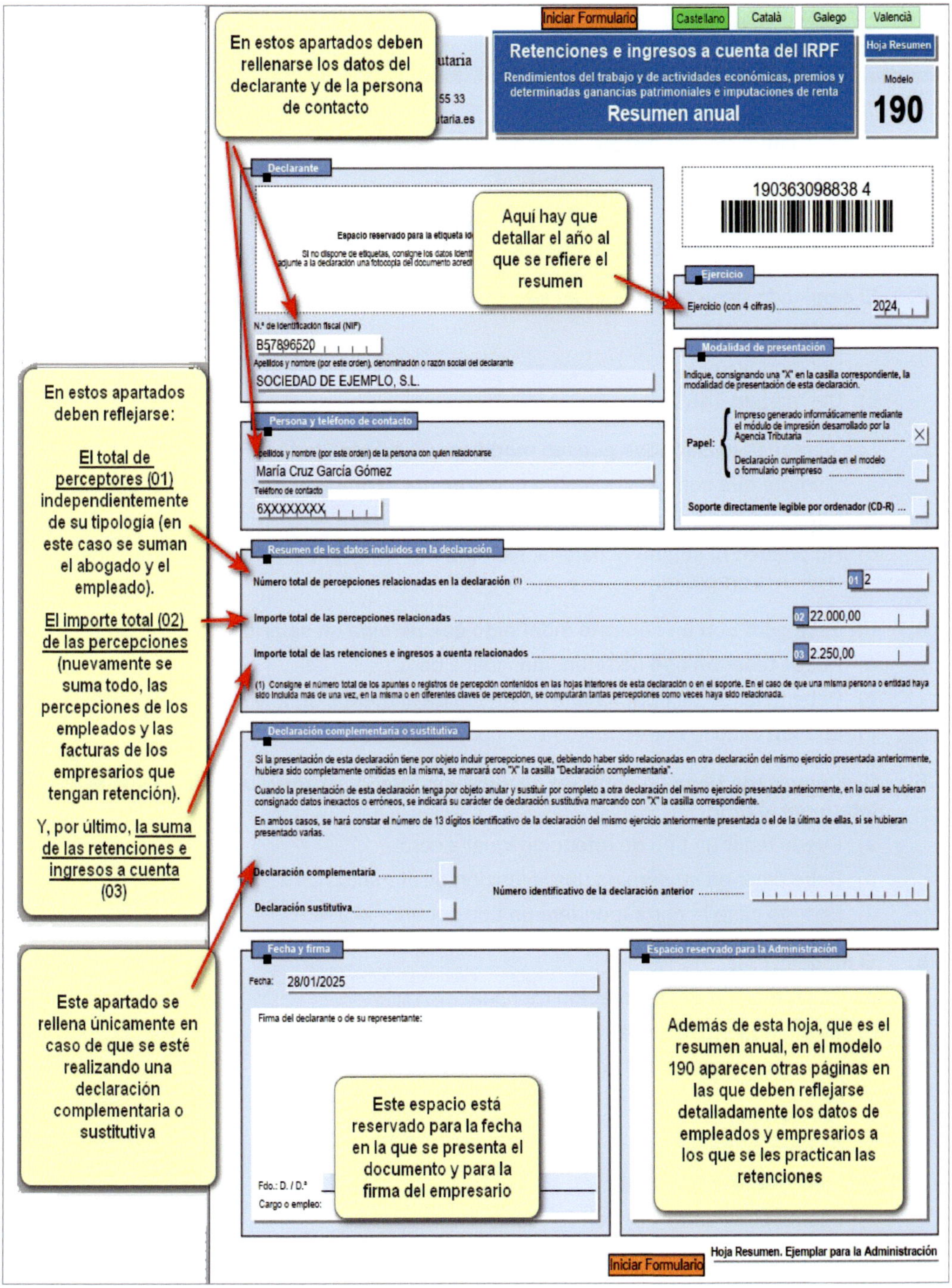

Iniciar Formulario | Castellano | Català | Galego | Valencià

En estos apartados deben rellenarse los datos del declarante y de la persona de contacto

utaria

55 33

taria.es

**Retenciones e ingresos a cuenta del IRPF**

Rendimientos del trabajo y de actividades económicas, premios y determinadas ganancias patrimoniales e imputaciones de renta

**Resumen anual**

Hoja Resumen

Modelo **190**

190363098838 4

**Declarante**

Espacio reservado para la etiqueta id

Si no dispone de etiquetas, consigne los datos identi adjunte a la declaración una fotocopia del documento acredi

N.º de identificación fiscal (NIF): B57896520

Apellidos y nombre (por este orden), denominación o razón social del declarante: SOCIEDAD DE EJEMPLO, S.L.

Aquí hay que detallar el año al que se refiere el resumen

**Ejercicio**

Ejercicio (con 4 cifras) ............ 2024

**Modalidad de presentación**

Indique, consignando una "X" en la casilla correspondiente, la modalidad de presentación de esta declaración.

Papel:
- Impreso generado informáticamente mediante el módulo de impresión desarrollado por la Agencia Tributaria ............ X
- Declaración cumplimentada en el modelo o formulario preimpreso ............

Soporte directamente legible por ordenador (CD-R) ...

**Persona y teléfono de contacto**

Apellidos y nombre (por este orden) de la persona con quien relacionarse: María Cruz García Gómez

Teléfono de contacto: 6XXXXXXXX

En estos apartados deben reflejarse:

El total de perceptores (01) independientemente de su tipología (en este caso se suman el abogado y el empleado).

El importe total (02) de las percepciones (nuevamente se suma todo, las percepciones de los empleados y las facturas de los empresarios que tengan retención).

Y, por último, la suma de las retenciones e ingresos a cuenta (03)

**Resumen de los datos incluidos en la declaración**

Número total de percepciones relacionadas en la declaración (1) ............ 01 2

Importe total de las percepciones relacionadas ............ 02 22.000,00

Importe total de las retenciones e ingresos a cuenta relacionados ............ 03 2.250,00

(1) Consigne el número total de los apuntes o registros de percepción contenidos en las hojas interiores de esta declaración o en el soporte. En el caso de que una misma persona o entidad haya sido incluida más de una vez, en la misma o en diferentes claves de percepción, se computarán tantas percepciones como veces haya sido relacionada.

**Declaración complementaria o sustitutiva**

Si la presentación de esta declaración tiene por objeto incluir percepciones que, debiendo haber sido relacionadas en otra declaración del mismo ejercicio presentada anteriormente, hubiera sido completamente omitidas en la misma, se marcará con "X" la casilla "Declaración complementaria".

Cuando la presentación de esta declaración tenga por objeto anular y sustituir por completo a otra declaración del mismo ejercicio presentada anteriormente, en la cual se hubieran consignado datos inexactos o erróneos, se indicará su carácter de declaración sustitutiva marcando con "X" la casilla correspondiente.

En ambos casos, se hará constar el número de 13 dígitos identificativo de la declaración del mismo ejercicio anteriormente presentada o el de la última de ellas, si se hubieran presentado varias.

Declaración complementaria ............

Declaración sustitutiva ............

Número identificativo de la declaración anterior ............

Este apartado se rellena únicamente en caso de que se esté realizando una declaración complementaria o sustitutiva

**Fecha y firma**

Fecha: 28/01/2025

Firma del declarante o de su representante:

Fdo.: D. / D.ª

Cargo o empleo:

Este espacio está reservado para la fecha en la que se presenta el documento y para la firma del empresario

**Espacio reservado para la Administración**

Además de esta hoja, que es el resumen anual, en el modelo 190 aparecen otras páginas en las que deben reflejarse detalladamente los datos de empleados y empresarios a los que se les practican las retenciones

Iniciar Formulario

Hoja Resumen. Ejemplar para la Administración

# ACTIVIDADES FINALES

## AUTOEVALUACIÓN

**5.1. Los rendimientos del trabajo se incluyen en la renta:**

a) General.

b) Del ahorro.

c) Todas las respuestas son ciertas.

**5.2. El empleado debe comunicar su situación personal a la empresa a través:**

a) Del modelo 190.

b) Del modelo 111.

c) Del modelo 145.

**5.3. Las personas asalariadas pueden modificar su retención de IRPF:**

a) Siempre que sea para poner un tipo superior al que realmente le corresponde.

b) Pueden subirla o bajarla a su antojo.

c) No pueden ni subirla ni bajarla, siempre hay que aplicar la que salga del cálculo que realice la empresa.

**5.4. Un trabajador con un contrato indefinido que perciba un salario inferior al SMI:**

a) Puede tener un tipo de retención igual a cero.

b) Debe tener en su nómina una retención de al menos un 2 %.

c) En todo caso le corresponderá un tipo superior al 2 %.

**5.5. Si el empleado tiene un contrato de duración inferior al año y unos ingresos estimados inferiores al SMI:**

a) Puede tener un tipo de retención igual a cero.

b) Debe tener en su nómina una retención de al menos un 2 %.

c) En todo caso le corresponderá un tipo superior al 2 %.

**5.6. El modelo 111:**

a) Es un modelo de declaración mensual.

b) Es un modelo de declaración trimestral.

c) Las respuestas a) y b) son ciertas.

**5.7. El modelo 190:**

a) Es un modelo anual.

b) Es un modelo trimestral.

c) Las respuestas a) y b) son falsas.

**5.8. El RLC y el RNT**

a) Son modelos de Hacienda.

b) Son modelos de la Seguridad Social.

c) Ninguna de las respuestas anteriores es cierta.

**5.9. Si dos trabajadores que perciben idéntico salario tienen una situación familiar diferente:**

a) El tipo de IRPF será el mismo, pues solo varía en función del nivel de renta.

b) El tipo de IRPF será diferente, pues varía en función del nivel de renta y de la situación personal y familiar.

c) El tipo de IRPF será diferente, pues solo varía en función de la situación personal y familiar.

**5.10. En este modelo deben aparecer los datos de todos los empleados y proveedores a los que se les hayan practicado retenciones a lo largo del ejercicio:**

a) Modelo 190.

b) Modelo 111.

c) Las respuestas a) y b) son ciertas.

## ACTIVIDADES DE REFUERZO

**5.11. Cumplimenta la declaración de retenciones del primer trimestre de la empresa FRUTAS DEL NORTE, S. A., con NIF: A21603923.**

**Sabiendo que el salario que le pagó a tres empleadas fue el siguiente:**

- Importe íntegro: 10.000 €
- Retenciones: 1.700 €

**5.12. Realiza la declaración anual del ejemplo anterior sabiendo que la empresa todos los trimestres realiza los mismos pagos y las mismas retenciones.**

**5.13. Cumplimenta el modelo 111 del primer trimestre de la empresa MARISCOS DE LA MESETA, S. A., con NIF: A34676635.**

**La empresa ha pagado mensualmente a sus dos empleados un importe bruto de 1.800 € a cada uno y le ha practicado una retención de 200 € al mes a cada trabajador.**

**5.14. Realiza la declaración anual del ejemplo anterior sabiendo que la empresa todos los trimestres realiza los mismos pagos y las mismas retenciones.**

## ACTIVIDADES DE AMPLIACIÓN

**5.15. Cumplimenta la declaración de retenciones del segundo trimestre de la empresa ESLABONES FUERTES, S. A., con NIF A21603923. Las retribuciones fueron:**

- Retribuciones a dos empleadas:
  - Retribuciones dinerarias: 14.000 €.
  - Retenciones: 2.500 €.
  - Retribución en especie: 500 €.
  - Ingresos a cuenta por la retribución en especie: 75 €.
- Retribuciones a profesionales: en el mes de mayo fueron contratados los servicios de Antonio Pérez, abogado, al que se le pagaron 700 €. Retención en factura: 15 %.

**5.16. Realiza la declaración anual del ejemplo anterior sabiendo que la empresa todos los trimestres realiza los mismos pagos y las mismas retenciones a sus trabajadores. Además, ten en cuenta que los servicios del abogado únicamente los ha contratado en el segundo trimestre.**

# Legislación, bibliografía y webgrafía

## Legislación:

- Real Decreto Legislativo 2/2015, de 23 de octubre, por el que se aprueba el texto refundido de la Ley del Estatuto de los Trabajadores.
- Ley 35/2006, de 28 de noviembre, del Impuesto sobre la Renta de las Personas Físicas y de modificación parcial de las leyes de los Impuestos sobre Sociedades, sobre la Renta de no Residentes y sobre el Patrimonio.
- Ley 31/2022, de 23 de diciembre, de Presupuestos Generales del Estado para el año 2023.
- Orden ESS/2098/2014, de 6 de noviembre, por la que se modifica el anexo de la Orden de 27 de diciembre de 1994, por la que se aprueba el modelo de recibo individual de salarios.
- Orden EHA/586/2011, de 9 de marzo, por la que se aprueba el modelo 111 de autoliquidación de retenciones e ingresos a cuenta del Impuesto sobre la Renta de las Personas Físicas sobre rendimientos del trabajo y de actividades económicas, premios y determinadas ganancias patrimoniales e imputaciones de renta y se modifica otra normativa tributaria.
- Orden EHA/3127/2009, de 10 de noviembre, por la que se aprueba el modelo 190 para la declaración del resumen anual de retenciones e ingresos a cuenta del Impuesto sobre la Renta de las Personas Físicas sobre rendimientos del trabajo y de actividades económicas, premios y determinadas ganancias patrimoniales e imputaciones de renta y se modifican las condiciones para la presentación por vía telemática de los modelos 111 y 117 por los obligados tributarios que tengan la consideración de grandes empresas, así como la hoja interior de relación de socios, herederos, comuneros o partícipes del modelo 184 y los diseños lógicos de los modelos 184 y 193.
- Resolución de 3 de enero de 2011, del Departamento de Gestión Tributaria de la Agencia Estatal de Administración Tributaria, por la que se aprueba el modelo 145, de comunicación de datos del perceptor de rentas del trabajo a su pagador o de la variación de los datos previamente comunicados.
- Orden de 20 de noviembre de 2000 por la que se aprueban los modelos 115, en pesetas y en euros, de declaración-documento de ingreso, los modelos 180, en pesetas y en euros, del resumen anual de retenciones e ingresos a cuenta sobre determinadas rentas o rendimientos procedentes del arrendamiento o subarrendamiento de inmuebles urbanos del Impuesto sobre la Renta de las Personas Físicas, del Impuesto sobre Sociedades y del Impuesto sobre la Renta de no Residentes, correspondiente a establecimientos permanentes, así como los diseños físicos y lógicos para la sustitución de las hojas interiores del citado modelo 180 por soportes directamente legibles por ordenador y se establecen las condiciones generales y el procedimiento para su presentación telemática.

- Resolución de 22 de julio de 2022, de la Dirección General de Trabajo de la Consejería de Economía, Hacienda y Empleo, sobre registro, depósito y publicación del Convenio Colectivo del Sector de Oficinas y Despachos, suscrito por Confederación Empresarial de Madrid-CEOE (CEIM) y CC OO y UGT por la representación sindical (código número 28003005011981).

## Bibliografía:


- Ayensa Esparza, A. M., *Gestión de recursos humanos*, 2ª edición, Ediciones Paraninfo, San Fernando de Henares, 2023.
- Ayensa Esparza, A. M., *Operaciones administrativas de recursos humanos*, 2ª edición, Ediciones Paraninfo, Madrid, 2020.
- Editorial Colex, S. L., *Vademecum práctico laboral 2022*, 1ª edición, Editorial Colex, Madrid, 2022.
- Ferrer López, M. A., *Cómo confeccionar nóminas y seguros sociales 2023*, 35ª edición, Deusto, Barcelona, 2023.
- Galán Gutiérrez, C. J., *Nóminas, Seguridad Social y contratación laboral 2023*, 1ª edición, Madrid, Fundación Cometal, 2023.
- Gabinete jurídico del CEF, *Guía fiscal 2024*, 1ª edición, Centro de Estudios Financieros, Madrid, 2024.
- López Barra, S.; Ruiz Otero, E., *Operaciones administrativas de recursos humanos*, 2ª edición, Mc Graw Hill, Aravaca, 2022.
- Redacción de Francis Lefebvre, *Memento salario y nómina 2023*, Francis Lefebvre, edición 2023, Madrid, 2023.


## Webgrafía:

- https://www.seg-social.es
- https://sede.agenciatributaria.gob.es/
- https://www.sepe.es/
- https://www.mites.gob.es/
- https://www.poderjudicial.es/cgpj/es/Poder-Judicial/Tribunal-Supremo/Jurisprudencia-/Jurisprudencia-del-TS/

*Además de las fuentes aquí citadas, todas aquellas a las que se haya podido hacer referencia a lo largo del texto y no aparezcan mencionadas en este listado.*

**Nota final:** Los comentarios que se realizan en este libro se hacen sobre la base de la opinión del autor y están pensados para lograr un aprendizaje eficaz y una comprensión de la materia que trata.